JN046098

気配りが9割

永田町で45年みてきた「うまくいっている人の習慣」

田村重信

飛鳥新社

はじめに

2020年に、永田町での生活が45年目となりました。

22歳のときに、のちに総理大臣となる大平正芳の事務所（宏池会）に入り、紆余曲折を経て、「自由民主党の職員」へと転身。それから今日までは、あっという間に過ぎていきました。

この間、16人の日本国総理大臣に仕えてきました。

自由民主党は、結党以来ほとんどの期間を「与党」として活動しています。ですから必然、自民党のトップは総理大臣になる。私は自民党職員として、これら歴代の傑物たちがどのように国をかじ取りしてきたのか、つぶさにみてきました。

たとえベテランの政治記者や古株の官僚であっても、ここまで間近で「社会を変える」「国を動かす」仕事を経験することはできないでしょう。

ここで皆さんに質問です。何度も選挙で国民から選ばれ、大臣、総理へと登っていく人間は、実際に会うとどんな性格の人だと思いますか？

気さくで明るくユーモアのある人？

落ち着いたオーラで安心感を与える人？

まじめで爽やかなテキパキした人？

いずれも正解であり、そうでないとも言えます。じつは、私がみてきたそれらの成功する人に共通することは**「目の前にいる人間を、少しでも喜ばせようと努力する人」**でした。意外かもしれませんが、もともとの性格や弁舌のうまさは、まったく関係ありません。私自身、彼らの卓越した部分を少しでも吸収しようと分析していくうちに、その事実に気づいたのです。


さらにこの45年間で経済・実業界のカリスマ経営者や、テレビで長い間活躍している有名人たちにもたくさんお会いしてきました。彼らと接するたびに、「やはり、**業界にかかわらず、うまくいく人には共通する習慣がある**」という確信が生まれました。

しかも興味深いことに、その「うまくいく習慣」というのは、特別な知識や技術を必要としない、いわば誰でも**1分後には実践できることばかり**だったこと。カリスマ、天才、賢人と呼ばれる人たちほど、一見すると「当たり前だろう」と思えるルーティーンを、徹底していることを知りました。

本書はいわゆる「政治の本」ではありません。

むしろ、昨今の政治情勢についてはほとんど書かれていないので、それを期待して手に取った方は本棚に戻すことをお勧めします。

では何が書かれているのか。それは、うまくいく人が身につけている**「気くばり」**について、です。

本書には小泉進次郎、菅義偉、河野太郎といった現役政治家から、田中角栄や竹下登、橋本龍太郎らかつての大物政治家、そしてビートたけしさんや田原総一朗さんなど、私が接してきた各界の有名人が登場します。

彼らがなぜ人望を集め、活躍できるのか。そこにはニュースで報じられることがない**「人間力」**の存在があります。

その人間力を形成する源こそが、「気くばり」です。

さらに、自然と気くばりができる人間はみな、誰でもできる「習慣」を大切にしているのです。本書から、そのエッセンスを少しでも感じていただければと思います。

お会いしたことはありませんが、渋沢栄一（しぶさわえいいち）やレオナルド・ダ・ヴィンチといった偉人たちのエピソードも随所に紹介しています。また、個人で「日本論語研究会」という勉強会を主催していることもあり、「論語」からも現代に役立つ故事をいくつか引用しています。

若い読者にとっては、古い政治家の話は少し退屈かもしれません。

そんなときは、アイザック・ニュートンが常に語っていた**「私が遥か遠くまで見通せたのだとしたら、それは巨人たちの肩に立っていたからだ」**という言葉を思い出してほしいと思います。そしてすこしの時間、彼らの肩に立ってみて、どこまで景色がよくなるか試してみてください。

政治に興味がない人やビジネスパーソンにこそきっと役に立つ、そう信じています。

それではさっそく、巨人の肩に立ちましょう。

２０２０年夏

田村重信

気配りが9割
永田町で45年みてきた「うまくいっている人の習慣」

もくじ

第1章
すごい人ほどやっている 誰でもできる「気くばり」

第2章 自民党・現役議員のすごい「気くばり」

第3章
ニュースの意味がわかる! 政党の仕組みと政治のキーワード

第4章 永田町で培った「気くばり」実践編

第5章 小泉進次郎議員 特別対談「自分で決めれば誰かのせいにしなくなる」

本書では、文脈や筆者との関係性に応じて敬称は省略しています。
また役職・肩書は2020年6月時点のものです。

第1章
すごい人ほどやっている 誰でもできる「気くばり」

本章では、私がこれまで公私にわたって学んできたなかで、ビジネスで役立つスキル、人と差をつけるために身につけるべきこと、あるいはプライベートを充実させるために必要なことを中心に語っていきます。どんな能力を高めるべきなのか……。政治家のみならず、経営者や芸能人から学んだ話も盛り込んでいきます。

DAIGOも見ていた!?
誰もが驚く「総理の時間術」

さて、社会人として実践すべきことはたくさんありますが、やはり「時間を無駄にしない」ことはその筆頭に挙げられます。当たり前のことだと思うかもしれません。しかし、仕事が立て込んでいる時に少し遅刻したり、あるいは疲れている時に一日を無駄にしたりすることは誰にでもあるもの。ですが時には、そのたった数分の遅刻で積み上げてきた信頼を一瞬にして失うことだってあります。

本書を手に取った読者諸兄であれば、仕事をはじめ、公私ともに無駄がないように言動を効率化していることでしょう。そこで質問ですが、自分の時間だけではなく**「他人の時間を無駄にしない」**ことにまで心を砕けている人はどれくらいいるでしょうか？　アポイントや打ち合わせ相手の時間を無駄にしていないでしょうか？

時間といって私が思い出すのは、元総理大臣の**竹下登**（たけしたのぼる）です。

最近ではタレントのDAIGO（ダイゴ）さんの祖父としての顔が有名かもしれません。DAIGOさんはテレビ番組で「おじいちゃんが消費税を導入したから、学校でクラスメイトや教師からバッシングされた」というネタ話をよくしていますが、竹下は多くの評論家や政治記者が「戦後三本の指に入る」と評するほどの名宰相でした。

竹下には、人を驚かせる習慣がありました。

それは、会合や面会、あるいは私のような職員と打ち合わせするときも、**必ず5分前にやってきていたことです**。しかもそれが、**総理大臣になってからも続いていたの**ですから驚きます。

党のある会議で、両手いっぱいの資料を持った私は、開始時間の10分ほど前に会議室に入りました。すると竹下が一人でポツンと座っていて、ビックリしたことがありました。

若手のころは時間を守っていても、大臣や党三役などの要職に就くと、途端に遅れてくるような政治家は少なくありません。「いやいや、前の会合が長引いてしまって……」とごまかすわけです。しかし、**竹下は絶対に人を待たせなかった**。たとえ「格下相手」との面会でも、相手を気遣い、待たせることはありませんでした。他人の時間を一秒たりとも無駄にはしなかったのです。

自民党の政調会の部会では、テーマによって遅刻してくる議員が少なくなく、ともすると議論が疎かになることもあります。しかし、竹下が出席する会議では、遅刻する議員などほとんどいませんでした。竹下が時間よりも早く着席していることを、みんな分かっていた。だから皆が時間より早く集まるようになったのです。すると定刻通りに会議は始まり、誰一人欠けることなく実りある議論ができる。時間厳守の好影響は、このようなかたちで表れるのです。おそらく竹下自身も、それが分かっていたのだと思います。

それに、小さな会食や打ち合わせひとつであっても、竹下に迎えられた相手は「あの竹下さんが、こんな迎え方をしてくれる」「私との約束を大切にしてくれている」と意気に感じて、**信や情を寄せるようになる**のは必然でしょう。

ちなみに竹下は、会合やパーティーなどで複数の人が挨拶するときは、自分は決して長く喋りませんでした。

「皆さん。幸せは長く、挨拶は短く。以上、竹下登でした、よろしく!」

このような挨拶で、いつも会場の喝采を浴びていました。長々と喋るよりもよほど印象に残りますし、竹下ならではの気配りが伝わってくるので、誰もが彼に好感を抱くのです。

もともと彼は、私学の早稲田大学を出て、地元・島根の青年団活動から同県議を経て国政に進出した「たたき上げ」の人間です。戦後、それまでに首相になっていたのは、「東大から官僚を経て政治家になったエリート」が大半だったことを考えると、当時の感覚では、経歴的には必ずしも彼は首相候補として担がれる存在ではありませんでした。けれど、私が実際に感じたように、竹下の「5分前精神」はたくさんの信奉者を集めていき、のちに総理大臣として大きな華を咲かせることになったのです。

田中角栄やサントリー創業者の"誰にも言わない"秘密の習慣

私が好きな言葉の一つに「陰徳(いんとく)」があります。陰徳とは、人に知られることなくする善行です。要は人のために何かしても、「やってあげた」などと喧伝はしない。また、恩に着せることもない。それが陰徳です。

田中角栄(たなかかくえい)はまさに陰徳を実践する人物でした。田中の素晴らしい点を挙げればキリがないですが、やはり「人を選ばない」ところが素晴らしい。そう、田中は私のような党の職員はもちろん、受付嬢や警備員にも礼儀や心遣いを欠かさなかったのです。議員と接するときと同じように丁寧に、時に冗談を交えながら話していたものです。私も党本部で何度もそういった場面を見ました。

それは外でも同じです。田中は毎晩のように会合に出かけていましたが、料亭の下足番に対しても丁寧に接し、必ずチップを渡していました。

しかし、田中は「親切にしてあげた」「金をあげた」「面倒を見てあげた」などと恩着せがましく言うことは一切ありません。党本部の職員に優しくしたり、料亭の下足番にチップを渡したりしても、**直接的に得することはありません**。しかし、田中は以下のように考えていたのです。

「自分がこうして政治活動をしていられるのも、皆がそれぞれのポジションで働いてくれているからだ」

「皆がいるから、自分があるのだ」

その恩返しの思いで皆と接していたのです。まさに陰徳そのものでしょう。そして田中のこの思いが相手に伝わって、信頼関係を強めていくのです。警備員や下足番が田中を見かけるたびに、笑顔で挨拶していたことはいうまでもありません。思い起こせば**田中の周りにはいつも人が集まっていました**。田中の人柄に惚れた人々が集まっていたのです。

ちなみに現役では、二階俊博（にかいとしひろ）幹事長も職員や警備員などへ丁寧に、礼儀正しく接する人物として永田町では知られています。

また、飲料メーカー・サントリー創業者の**鳥井信治郎**（とりいしんじろう）は、松下電器産業（現パナソニック）創業者の**松下幸之助**に多額の資金を援助していたといいます。しかし鳥井はそれに言及することもなければ、見返りを求めたこともありませんでした。まさに陰徳の精神を持っていたのです。

陰徳とは換言するなら「謙虚になれ」ということではないでしょうか。私たちは皆、他者によって生かされています。だから決して傲慢になってはならないのです。

「汗は自分でかきましょう。手柄は人にあげましょう」というのは、前項で登場した竹下登が生前よく使っていたフレーズです。竹下もまた、陰徳を続けていました。田中と同様に、どんな人にも同じように真摯に接して、仕事における功績は、いつも後輩議員に譲っていました。先輩議員や有権者から仕事をほめられても、「いやあ、あれは○○が頑張ってくれたのです」と、いつも後輩議員の名前を挙げていました。だから竹下は仲間から担がれるようになった。金丸信、橋本龍太郎、小渕恵三、梶山静六、小沢一郎といった面々です。

そしてついには田中と袂を分かって、創政会（のちの経世会）という、大きな派閥を作り、その後総理の座を射止めたのです。陰徳が竹下総理を生んだといって良いでしょう。

Google（グーグル）やゴールドマン・サックスなどの一流企業でコンサルティングを行うペンシルベニア大学の**アダム・グラント**教授は、名著『GIVE&TAKE』のなかで成功する人間についてこう話しています。

「人間には3つのタイプがある。ギバー（人に惜しみなく与える人）、テイカー（真っ先に自分の利益を優先させる人）、マッチャー（損得のバランスを考える人）。いずれもメリット・デメリットはある。けれど、データをみて驚いた。**最も成功している人のほとんどはギバーであり、**年収もずっと高い。これは〝与えること〟がいかに過小評価されているかを示している」

断言することはできませんが、**陰徳がいかに成功を導くかは、科学的にも正しさが証明されているのです。**

「一万円札の渋沢栄一」とホリエモンとの意外な共通点

生きていくための知恵は**『論語』**にある、私はそう考えています。

江戸時代のころの日本では、中国の南宋時代の学者・朱熹によって作られた、儒教の一つ、朱子学が盛んでした。簡単にいえば、孔子の教えが**儒教**で、孔子の言葉が論語です。ある意味では兄弟のような関係といえるでしょう。

そんな朱子学に反発して、論語を行動学として読み直した学問を**陽明学**といいます。そしてこの陽明学は日本にも普及。**吉田松陰**や**高杉晋作**といった幕末の志士たちにも大きな影響を与え、明治維新の原動力になりました。彼ら志士たちは、**「思い立ったらやりなさい。できないことはいうのではない」**という論語の教えをまっすぐに実践して、大事業を成し遂げました。このように、江戸時代の寺子屋での朱子学に始まり、明治維新の陽明学に至るまで、日本の思想の根底には、常に論語があったということになります。

戦後から1980年代までの日本は、数年周期でおとずれる好景気に沸いていました。このころの日本経済が良かった理由の一つは、当時の日本人にはまだ論語が根づいていたこと。ビジネスにも**道徳心**が存在していたのです。

では、その道徳心がどんなものかといえば、「悪いことをしてはならない」「良い仕事をしよう」というものです。商売をするなら、騙して高く売りつけて手っ取り早く稼ぐのではなく、良いものを作ってできるだけ安く売る。すると当然、満足したお客さんはまた買うわけです。だから80年代までの日本の企業は強かったし、世界からも大きな注目を集めました。当時の日本人には、**信用を大事にしよう**という精神があったわけです。

この精神は、論語では**「恕（じょ）」**と呼ばれます。そして、ビジネスにこうした儒教・論語の教えを盛り込んだのは、明治から昭和にかけて活躍した実業家・**渋沢栄一（しぶさわえいいち）**といわれています。渋沢栄一はご存じのとおり、2021年NHK大河ドラマの主人公であり、2024年から一万円札の肖像画にもなる実業界の傑物です。

さて、渋沢を語る前に、まずは「恕」とは何かを知っておきましょう。論語には以下の一節があります。

子貢問ひて曰く、「一言にして以て終身之を行ふ可き者有りや」
子曰く、「其れ恕か。己の欲せざる所は、人に施すこと勿れ」

子貢は孔子の10人いた優れた弟子の一人です。上記の文を訳すと以下のようになります。

「子貢は『一言で生涯を通して行うべきことはありますか』と尋ねました。すると孔子は『それは恕だ。恕とは思いやりである。自分がされたくないことは、人にやってはならない』と答えました」

孔子のこの教えは、換言するなら**「他人のことも自分のことのように考える」「他人の嫌がることはしない」**ということ。まさに政治にはこの考えが必要です。国家のこと、国民のことを自分のことのように考えて初めて、きちんとした政策を考えることができるのです。そしてそれはきっとビジネスの世界でも、ママ友やSNS友達の世界でも同じでしょう。人の役に立つ製品とは、人の暮らしを豊かにする技術とは……といったことを考える。そうしてヒット商品が生まれるわけです。または、友達のフェイスブックの投稿に対して、その人の努力を認めてあげるようにコメントを書き込んであげる。そうすれば自分が必要なときに助けになってくれるはずです。自分がほしいものばかりを追い求めていて、すべてのコミュニケーションが成立するわけがありません。

また「恕」は、孔子が人間の最高の徳と考えた**「仁」**に通じるものがあります。「仁」とは論語の**五常（仁義礼智信）**のなかで最も大切な徳目で、「自分の欲求を自覚して、他者の心を思いやる」という意味です。「恕」と非常に近い意味ではないでしょうか。

渋沢栄一も「恕」についてこのような言葉を残しています。

「恕は、思いやりであって、**恕の観念なき者は、やがて冷血、軽薄、もしくは利己主義などと冷評され、その結果、社会から自然に排斥されるであろう**」

つまり、自分のことばかり考えていては社会では通用しない、といった趣旨のことを語っているわけです。

また、渋沢は生前、次のようにも語っています。

「事業には信用が第一である。世間の信用を得るには、世間を信用することだ。個人も同じである。自分が相手を疑いながら、自分を信用せよとは虫のいい話だ」

かつての日本の企業では経営者や幹部から社員一人ひとりに至るまで、この精神が根づいていたように思います。

しかし、バブルが崩壊して経済が停滞すると、日本からは次第にこうした精神が薄れ、経営者や政治家は建前ばかりを気にして、平気で嘘をつく社会になったように思えてなりません。経済学者の**森嶋通夫**（もりしまみちお）も生前最後の著書『なぜ日本は行き詰ったか』（岩波書店）で、やはり日本人は儒教を学ばなくなったのが経済失速の根底にあると指摘しています。

ちなみに儒教が生まれた中国は、毛沢東思想によって儒教が一切排除された結果、いまは不正が蔓延（まんえん）する国になっています。儒教の精神が残っていれば「清潔であれ」と自身を律することができていたのに、と思わずにいられません。

おもしろいことに、現代でも渋沢栄一と似たメッセージを発信している実業家がいます。それはあのホリエモンこと堀江貴文（ほりえたかふみ）さんです。

「大金の動く投資やビジネスで求められるのは、信用、それに尽きる」
「お金は信用を数値化したもの。だからお金ではなく、信用をためるべき」

この言葉は、堀江氏が近年発しているメッセージです。彼の著書はいずれもベストセラーになっているので、これらの言葉を聞いたことがある人も多いでしょう。彼の影響はとても大きく、お笑い芸人・絵本作家の西野亮廣（にしのあきひろ）さんをはじめ、最近はビジネスシーンやクリエイティブの業界で活躍している多くの著名人が「お金をためるな、信用をためろ」と発信しています。

実業界の父と呼ばれる渋沢栄一と、現代の実業界を牽引するホリエモンが、時代を超えて「信用がすべて」という哲学でつながっている。この事実は、ビジネスシーンにおいて私たちが何を大切にしていくべきなのか、答えを明らかにしてくれているのではないでしょうか。

アンパンマンに隠された感動話とチャップリン

会社などの組織のなかで良い仕事をするには、やはり周りからの信頼を得なければなりません。それこそが最高の人間関係を構築するわけです。

では、いったいどうすれば信頼を得られるのでしょうか。方法は無限にあるといえますが、やはり正攻法は一にも二にも**「気くばり」**だと思います。人間関係を確固たるものにするなら、相手に対する「気くばり」こそ最大の武器になるのです。

気くばりとはテクニックではない、これが私の考えです。では何かといえば、相手のために本心から尽くすことです。前項で紹介した「恕」という言葉は、論語で最も重要な言葉の一つですが、「恕」はある意味でキリスト教の〝隣人愛〟のようなもの。要は**「自分がしてもらいたいと思うことを他人にしてあげる」**ことです。

「アンパンマン」の作者として知られる絵本作家の**やなせたかし**は、生前、このように語っています。

「人間が一番うれしいことはなんだろう？　長い間、ぼくは考えてきた。そして結局、人が**一番うれしいのは、人を喜ばせることだということがわかりました。**実に単純なことです。ひとはひとを喜ばせることが一番うれしい」

1919年生まれのやなせたかしは、20代で兵隊として太平洋戦争を経験しました。出征した中国では、過酷な行軍によって飢餓に苦しんだそうです。「お腹が空くのは死ぬよりツラい」そんな壮絶な体験がモチーフとなって、愛と献身のヒーローであるアンパンマンが生まれたのは有名な話です。


彼が関わったキャラクター作成の仕事は全国にたくさんありますが、じつは、相当な数を**ノーギャラ**に近い状況で引き受けていたことは、意外と知られていません。

「頼まれると断れない。自分の身を犠牲にしても、ひもじい人に食べ物を分け与えられる人こそ、本物のヒーローだ」

そのように公言し、キャラクターだけでなく、自分自身にも献身を課していた彼の人柄が偲（しの）ばれるエピソードです。

人を喜ばせる。それだけできっとあなたも相手から信頼を得られ、良い人間関係を生むことができるはずです。加えてここぞというときに頼りになる、そんな人間になれたら、より大きな信頼を得られることでしょう。

2012年12月で総理大臣になることが確実とみられていた石破茂（いしばしげる）は、自民党内の決選投票で敗れました。一回目の投票で過半数に達しなかったため、二回目は議員だけによる決選投票が行われて、落選したのです。これは石破が党内で国会議員から信頼を得られてないことを意味します。

なぜ石破は同僚議員からの人気がないのか。それは自民党が結党以来、初めて下野（げや）した1993年に、石破は自民党を離党し、改革の会などを経て、新進党の結党に参加したからです。少し厳しい言い方をすれば、**党が最も ツラかった時期に裏切ったわけです**。それで党内の議員や職員から信頼が得られるわけがありません。

もちろん、二度と自民党には戻らないという強い覚悟で離党するなら良いでしょう。しかし、結局は復党しました。それから石破は防衛大臣や農林水産大臣を歴任し、幹事長として総裁選で自らを破った安倍総理を支えてもいます。しかし、離党したことがいまになっても祟（たた）っている。だから総裁になかなかなれないのだと思います。

喜劇王の**チャールズ・チャップリン**は生前、「私たちは皆、互いに助け合いたいと思っている。人間とはそういうものだ。**相手の不幸ではなく、お互いの幸福によって生きたいのだ**」と語っています。幼少期から両親と離れ、孤児院などを転々とした苦労人のチャップリンだからこそ、重みを感じる言葉です。

これは政党に所属する人間も会社に所属する人間も同じ。あるいは学生時代の友達やサークルも同じでしょう。そして重要なのは、どんなときにも助け合うことを忘れてはならないということ。苦境に立たされたときに、人はその価値が試されるのだと思います。

「NHK紅白歌合戦」の名物司会者が見せたプロのすごみ

どんな業界で働く人でも、絶対に持っていなくてはならないのが**プロ意識**。僭越ながら私も、多少のプロ意識を持っていると自負しています。

私は自民党職員として農林水産や国防に関わる仕事を歴任してきました。そのため農林水産に関する知識、国防・安全保障に関する知識は誰にも負けないように情報収集と分析に努めてきたのです。そのおかげで、これまで多くの政治家、そして官僚から様々な相談を受け、政策を立案してきました。

私がプロ意識を実感するようになったのは、やはり多くの政治家を間近で見ていたからです。連日メディアに叩かれ苦境に立たされていても、信念を持って法案を通す政治家。あるいは選挙中に徹夜が続いて疲労困憊でも、一度有権者の前に立てば笑顔を振りまく政治家。大物であればあるほど、政治家としてのプロ意識を持っていました。

私がそのプロ意識に感動したのは、元参議院議員の**宮田輝**です。

若い読者はご存じないかもしれませんが、宮田はもともとＮＨＫの名物アナウンサーでした。**大晦日の歌番組「ＮＨＫ紅白歌合戦」では、いまなお破られていない歴代最多15回の司会を務める**など、お茶の間の人気者として大活躍したのちに退職。１９７４年の参院選に自民党から出馬すると、なんと２５９万５２３６票でトップ当選を果たしました。残念ながら三期目の途中、病によって68歳の若さで亡くなりましたが、いまでも宮田の存在は強く印象に残っています。

宮田の二度目の選挙となる１９８０年の参院選で、私は選挙参謀として手伝いに参じました。選挙時に掲げる政策をともに考え、街頭演説にも同行したのです。宮田は人気アナウンサーだったこともあり、どこに行っても人気者で、多くの人が集まりました。

アナウンサー上がりということで、宮田は政治家になったあとも、党主催のパーティーなどで司会を任されることが多くありました。私もたびたび一緒に参加したことがあり、そのたびに宮田のプロ意識に驚かされたものです。

宮田はプロ中のプロだから、パーティーの前に少し打ち合わせをするだけで、あとはアドリブでこなすものだと思っていました。しかし、現実はまったく逆でした。

宮田は**誰よりも早く会場入り**すると、主催者と念入りに打ち合わせを行い、その後は赤ペンを持って台本を凝視していたのです。時に修正を入れ、時にブツブツと小さな声で台本を読み上げていました。**やはりプロだからこそ、準備や段取りを念入りに行う**のです。宮田は当時、現職の議員であり多忙な毎日を過ごしていました。休みなどほとんどなかったはずです。しかし、司会をする以上は手を抜かない。やはりプロはこういうものなのです。宮田を見て、私も自分の仕事を見つめ直し、たとえいつも通りの業務でも準備や段取りを重視するようになりました。

これはどの仕事でも同じではないでしょうか。たとえばCMの制作現場では、撮影にかかるのは数時間から数日、あるいはたった1時間であっても、その撮影のために準備に1年かけることだってあります。

また、ファッション雑誌の撮影などでも、基本的には**「準備が9割」**と言われます。それは「読者にどんな洋服を、どう見せたいか」によって、撮影のロケーション、洋服の形や色、モデルの表情や動きといったすべての選択が変わるからです。撮影がうまくいくかどうかは、撮影の前段階ですでに決まっているわけです。

エビちゃんこと**蛯原友里**さんや**押切もえ**さん、**山田優**さんらが専属モデルをつとめ、絶大な人気を誇っていた『CanCam』の関係者の話です。当時は1日に撮影する洋服が100着を超えることもよくあったのだとか。そんな日は、電車の始発時間の朝5時ころからヘアメイクなどを始めて、終電時間までずっと撮影をすることも日常茶飯事だったそうです。そんな状況では、撮影本番前にどれだけ準備できているかが肝なのは、容易に想像できます。もちろん現場でのアドリブも大切ですが、あくまでそれはプラスアルファ。**撮影前に、もう大方の勝負はついているのです。**

政治家は予算委員会などで質疑に立つ機会が多くあります。そんなときもまた、準備が大切です。私のような職員に資料を準備させ、質問リストを作っていくのです。政治家として地元で挨拶回りを行ったり、各部会に出席したり、様々な仕事をこなしながらの作業となるため、本当に時間がなくて大変です。

しかし、ビジネスパーソンなら商談やプレゼンなどの前に、やはり資料作りなどの準備が必要になるでしょう。それと同じで、どれだけ忙しかろうと、政治家だってきちんと準備するのは当然でしょう。でなければ、委員会で質疑をする資格はないのではないでしょうか。これからの政治家には、どうか日々の準備と勉強に励んでもらいたいと願っています。

また、もし思い当たる節がある読者がいたら、仕事での資料作りを怠ることなく、打ち合わせやプレゼン中に想定される質問、相手とのやりとりをシミュレーションしてから挑んでもらいたい。**それだけであなたが成功する可能性は確実に上がります。**

それから宮田輝の話をもう一つ。宮田の奥様はＮＨＫの職員でした。そのため、宮田のアナウンサー時代はもちろん、政治家になってからも、宮田がテレビに出演するときには、**必ず**チェックしていたそうです。そして宮田の髪型や服装、あるいは発言や佇(たたず)まい、表情などを厳しくチェックして、ダメだった点を指摘してもらっていたのだそうです。宮田は奥さんの協力のおかげで、**日本一の司会者**となったのです。

見た目に気を配るのは重要ですが、**自分で鏡を見ているだけでは気がつかないこともあるもの**。だから家族や友人、あるいは同僚などに、時々自分の髪型やスーツの着こなしなどを見てもらい、ダメな点を指摘してもらうのは良いかもしれません。

もしダメ出しされても「そこを改善すれば完璧だ」と自信がもてますし、ダメ出しがなければないで「いまの自分で大丈夫」という自信にもつながります。やって損はありません。

「神速」で仕事を終わらせる伝説の日本人クリエイター

自民党で40年以上働いて気がついたことがあります。それは、**大事業を成し遂げる政治家は、みんなせっかちだ**ということ。思い立ったらすぐに行動に移すし、周りの人にもスピードを求めます。

その典型は**田中角栄**です。田中は党内の議員や官僚、あるいは地元の有権者から何かを頼まれたときに、それが必要だと感じたら、すぐに処理しました。実際に頼まれたその場で、官僚、自治体、業界団体といった関係各所に電話をかけて、サーッと話をまとめたこともあって驚いたものです。

念のため説明しておくと、政治家への陳情というのは簡単には解決できない厄介な案件が多いものです。特に田中角栄クラスになると、相当なスケールの陳情が持ち込まれることも。ですから、それを瞬時に取り仕切ってしまう妙技に感心したのです。

仕事ができる政治家は、皆このようにテキパキと仕事します。昔なら**鈴木宗男**（すずきむねお）、最近では外務大臣を務める茂木敏充や、国会対策委員長を務める森山裕も仕事への着手が早い。茂木は記憶力がバツグンで、そのうえ政策に関しての知識量も半端ではありません。森山もあらゆる面で非常に優秀です。そのため私もこういった政治家から資料収集や、政策案をまとめるよう依頼されると、気合いを入れて取り組まなくてはなりませんでした。上司から「もうできたのか」と驚かれるくらいがちょうど良いと、私は考えています。

なぜ仕事はさっさと片付けるべきなのか。そうしなければ仕事はどんどん溜まってしまうからです。すると徐々に仕事がこなせなくなってきて、クオリティも下がっていきます。また、大きな仕事を頼まれたときに、溜まりに溜まった仕事は放置せざるを得なくなる。すると「彼は仕事が遅い」という評価につながり、やがて仕事を頼まれなくなるのです。

そんな典型的な負のスパイラルに陥らないようにするには、どうすればいいのでしょうか。ひとつ、参考にしてほしい例をご紹介します。

みなさんはパソコンを操作するときに、普通に「ドラッグ&ドロップ」や「ダブルクリック」をすると思います。その操作方法を普及させたのは、じつは日本人なのです。その人は、マイクロソフト本社で「Windows 95（ウィンドウズ）」の開発に携わった伝説のプログラマー・**中島聡**（なかじまさとし）さん。彼は「Windows 95」を開発していたころ、スピード感がとりわけ重視される状況で**「ロケットスタート術」**という仕事方法を編み出しました。

それは10日間で仕上げる仕事があった場合、**2日間（20%の時間）で80%終わらせるというもの**。それにより、プレッシャーがかからない良いメンタルの状態で、残り20%のクオリティを上げることに集中できたそうです。こうして、社長のビル・ゲイツが求める納期と精度の高さを両立できるようになったわけです。

仕事がたまる一方ではストレスが溜まり、良いパフォーマンスにはつながりません。だからこそ、頼まれた仕事は一気に終わらせるべきなのです。

じつは私も、誰かに仕事を頼まれたら、**「すぐに6~7割をザックリ完成させる」**という方法を実践してきました。私の場合は、その時点で上司や仕事の発注元に「未完成のドラフト」という形で見せて、方向性が間違ってないかなどを確認してもらっています。そうすることでミスを防げて効率が良くなり、相手には「仕事が速い」という印象を与えることもできるのです。

それと、いくら仕事で「ロケットスタート」ができたとしても、それ以外の余計なことに時間を取られていては本末転倒です。

たとえば、いま着ている服。髪の毛のセッティング。靴とカバンのセレクト。あなたは今朝、それらにどれくらい時間を費やしましたか。

それらが毎日5分でも短くなれば、1年間で30時間は他のことに使えるのです。

フェイスブック創業者の**マーク・ザッカーバーグ**は、いつもグレーのTシャツを着て、黒ジーンズにスニーカーという出で立ちです。彼は同じグレーのTシャツを20枚以上所有しているといいます。なぜ同じTシャツばかり持っているかというと、**毎日着るものを決めることにエネルギーを使うのはもったいない**と考えているからです。コーディネイトを考えるのに時間を費やすくらいなら、仕事のことに費やしたい、ということです。

このザッカーバーグの服装が、アップル創業者の故**スティーブ・ジョブズ**の影響を濃く受けているのは明白です。ジョブズは同じ理由から、常に黒のタートルネックにジーンズという装いでした。アメリカの前大統領の**バラク・オバマ**も、紺のスーツをいつも着ていました。

ちなみに私も以前、慶應義塾大学の名誉教授であり、恩師でもある**小林節**（こばやしせつ）先生からもらった「慶應ネクタイ」を毎日着用していた時期がありました。恩師の力を借りられるようで自信が生まれますし、自分のトレードマークにもなります。さらには、服装を選ぶ時間が短縮できる。**いわば一石三鳥のネクタイでした。**

また、「食べ物」に関しても興味深いエピソードがあります。

元メジャーリーガーの**イチロー選手**も、ホームでの試合前は、必ず弓子（ゆみこ）夫人が握ったおにぎりを食べていたといいます。握ったおにぎりの数を合計すると、2800個にも上るというからすごいものです。

イチロー選手がおにぎりばかり食べていた理由はもちろん、試合前に余計なことを考えたくなかったから。「今日は何を食べようか」「今日のピザは美味しかったな」など考えることに時間を費やすのではなく、野球のことを考えたかったわけです。

私にも似たような経験があります。

昼の会議の準備をする際には、自民党本部にある食堂の「カレー」を出すことにしているのです。理由は、出席者の数が直前まで決まらないから。もし人数が多くなっても、逆に少なくなっても、カレーだと注文数が調整しやすいので、**食事に頭を悩ませることなく会議の準備に集中できる**のです。

もっとも党本部のカレーは知る人ぞ知る名物メニューで、美味しいというのも大きな理由ですが……。

なぜ麻生太郎のファッションは常に「マフィアのボス」なのか

最近、国際政治学者の三浦瑠麗（みうらるり）さんがテレビの報道・情報番組で活躍しています。容姿端麗なことに加えて、どんなテーマでも明確に持論を展開できる頭脳明晰な点が、人気の理由だと思います。

私は以前、テレビ朝日の討論番組『朝まで生テレビ！』で三浦さんと共演したことがあります。生放送の前にスタジオの控室で挨拶を交わし、少し会話をしました。

彼女に対する第一印象は、表裏がない方だということ。誰に対しても対応が変わらないので、お会いしてすぐにもかかわらず不思議な信頼感を覚えました。

彼女は才色兼備で、非常に華があります。そして大切なことは、**誰にでも清廉な印象を与える**ということです。女性に限らず、仕事をするうえで見た目は大切だと思います。もちろん、それは顔立ちや体型のことをいっているわけではなく、**見た目に対する心掛けを指します**。大事な場面でのダメージジーンズはもちろんNGですが、たとえば体のサイズに合っていないブカブカな服ばかりを着ていると「ルーズな性格なのだろうか」などと余計な詮索を生んでしまうこともあります。TPOにあった装いや振る舞いで、見た目の印象はガラリと変わるものです。

特徴的なスーツやネクタイで着飾ったり、派手なメイクをしたりするべきと言っているわけではありません。世界最高峰のファッションデザイナーである**ココ・シャネル**が**「家を出る前に鏡を見て、アクセサリーをひとつ外しなさい」**とシンプルさの重要性を教えているように、過剰なものは必要ありません。むしろ必要最低限のきちんとした装いこそが、あなた自身を引き立ててくれるものです。

見た目といえば現在、副総理と財務大臣を兼任する**麻生太郎**（あそうたろう）でしょう。いまでもダンディなファッションで注目を集めていますが、麻生は昔から洒落者でした。1980年代前半、自民党青年局局長を務めていた麻生太郎と、全国街頭遊説に回ったことがあります。私は職員として、移動時の世話や、各県連の職員との打ち合わせを担いました。

遊説の日の朝は集合時間が早いものです。夜明け前という日もあります。しかし、麻生は**いつ何時もシワひとつないスーツをビシッと着こなし、髪型もばっちり整えていました**。

また、いつも自分のお腹をつまんでマッサージをして、お腹がポッコリと出ないように気を配っていました。麻生によれば、意外とこのマッサージは効果があるのだそうです。

政治家はたくさんの人に見られる職業です。特に彼の場合は、**吉田茂**（よしだしげる）を祖父に持つ名家の出身ですから、24時間、他人の視線にさらされます。少しでも気を抜いたり態度を崩したりすると、即座に新聞や週刊誌に悪口を書かれてしまうのです。でも麻生は、誰に対しても分け隔てなく接しますし、見た目にも常に気を配ることで**「中身はきちんとしている人だ」**という印象を与えるのです。

政治家はもちろんですが、清潔感を備えておくべきというのは誰しも同じではないでしょうか。シワだらけの服を着ていたり、髪がボサボサだったり、無精髭を生やしたりしていては、それだけで印象は悪くなるもの。最低限で良いので、見た目には気を遣うとよいのです。

芸能界やファッション業界を除けば、髪の色を染めていたり、派手すぎる格好をしていたりすると、やはり周りの人はビックリするものです。悪い印象を抱く人もいることでしょう。

一方で、きちんとした身なりをしておけば、それだけで悪い印象は抱かれなくなるもの。それだけで人間関係がうまくいく可能性もグンと上がるはずです。

モンゴルには**「呼ぶ名前を親が轟く名前を自分が」**ということわざがあります。赤ん坊のときにつけられる名前は、他の者と区別するための記号にすぎない。この記号をどれだけ世界中に轟かせられるかは自分次第だ、という意味です。

麻生太郎は名宰相の吉田茂を祖父にもつ、政界きってのサラブレッドとして知られています。けれど永田町には、吉田茂のように超がつく有名人が親族にいる人間は他にもゴロゴロいるのです。そんな中にあっても麻生の名前は、群を抜いて轟いている。それが、本人が積み重ねた努力の結果であることは、わかる人にはわかるものです。

あの動画アプリで大成功！
だから「食事」はあなどれない

良い仕事をするには、良い人間関係を築かなくてはなりません。そして人間関係を築くには食事をするのが近道だと思います。

私はこれまで自民党職員として政治家や官僚と食事や酒席を共にしてきました。

たとえば農林部会と水産部会を担当していたときは、打ち合わせのあとに元総理大臣の**羽田孜**（はたつとむ）がよく食事に連れていってくれました。当時はアメリカとの間で、牛肉やオレンジの輸入をめぐって関税の自由化が大論争になっていたこともあり、部会は荒れに荒れ、時には長時間に及びました。羽田は白熱した議論で自分も疲れていたにもかかわらず、職員をねぎらう意味もあり、食事に連れていってくれたわけです。そして食事中は、羽田が生まれ育った長野県の話などをよく聞かせて、立場が一番上の人間にもかかわらず**酒席を盛り上げて、ホスト役に徹してくれました。**

こうした経験もあり、私には食事の大切さが刻み込まれました。食事中はいつもよりリラックスして過ごしますから、**普段見られない素の性格や特徴がはっきりとわかる**ものです。自分よりもスタッフへの気遣いを優先させる羽田の性格を見ていると、その後、彼が第80代内閣総理大臣になったのも全く不思議ではありませんでした。

　昨今は上司や同僚との食事会を好まない人も増えているようですが、ときには参加しても損はないと思います。こうしたリラックスした席では、普段聞けない情報を得られるわけです。あるいは素敵な出会いがあるかもしれません。だからこそ、ときには積極的に参加すべきなのです。お酒が苦手な人は飲まなくても構いません。むしろ強要する人とは付き合いをやめてもいいと思います。

　私も著書やCDの発売をするたび、出版社の編集者や、音楽プロデューサーともよく食事に行きます。加えて毎月開催している講演会「日本論語研究会」の関係者、あるいは完全にプライベートな知人・友人、または紹介してもらった人とも頻繁に食事をしています。

　以前、**TikTok（ティックトック）のクリエイター**をマネジメントしている企業「RERAISE（リレイズ）」の代表・又吉教太さんと食事をしたことがあります。TikTokとはモバイル向けの動画SNSで、近年若者を中心に絶大な人気を集めています。一時期は世界最大のアプリダウンロード数にもなっていた注目のショートムービープラットフォームです。

又吉さんは共通の知人が連れてきました。その当時はまだTikTokがまったく普及しておらず、又吉さんの仕事がうまくいっているとはいえなかった時期です。私と彼は年齢が30歳以上離れていますし、自民党のベテラン職員と食事に行くということで、ひょっとしたら緊張していたかもしれません。しかし、食事をしながら私の話を楽しそうに聞いてくれ、好青年の彼に対して私もすっかり気分がよくなり、その場である大手広告代理店の知り合いを紹介すると約束しました。偶然ではありますが、彼が積極的に新しい出会いを求めていたからこそ、そのような話につながったわけです。

そしてその後はご存じのとおり、TikTokは日本でも爆発的に大ブレイク。代理店の手も借りて又吉さんの会社は軌道に乗り、**いまでは人気のクリエイターを集める業界最大手の事務所になっています**。こうしたことからも、やはり食事の席にはチャンスが転がっていると感じます。

「情熱の量×スピード感」が大きいほど影響力は最大化する

この10年以上にわたって大阪で抜群の支持を集めているのが、大阪維新の会と日本維新の会です。この党を立ち上げたのは、大阪府知事と大阪市長を歴任し、2015年に政界を引退した**橋下徹**（はしもととおる）です。

橋下ならびに維新の会は、なぜあれほどまでに人気があったのか。それは目に見えるかたちで実績を残したからです。たとえば地下鉄の運賃。以前は高いといわれていたのですが、値下げを実現させました。また、市営バスの運転手の給料を下げた。民間バス会社の運転手の給料と比べると高すぎたからです。それから汚かった公衆トイレも綺麗にしました。

橋下は府知事や市長として、このように**目に見えるかたちで結果を残した**。だから維新の支持率は高いのです。

以前、自民党本部で橋下の講演を聞いたことがあります。大阪府知事時代の、まだ大阪維新の会を立ち上げる前に、党本部で講演をしたのです。「自民党無駄遣い撲滅プロジェクトチーム」が主催した講演会で、テーマは「大阪府の財政再建」でした。

「役所のお金の使い方が杜撰。民間では考えられないくらい杜撰」

「新聞購読の削減、弁護士の顧問料のカット、カラーコピーは原則禁止」

「イベントは効果検証をきちんとして行う」

このような削減を目指した取り組みは公務員、とりわけ労働組合から大きな反発があるものです。関西のある役所の前では、連日にわたって橋下を糾弾するデモが開催されたといいます。しかし、それでも橋下はやり抜いた。**必要だと思ったら実現させる**、それが大切なことなのです。


橋下の話で最も印象的だったのは、当時まだ就任4か月だったにもかかわらず、彼の**「本気度」がその場にいる全員にビシビシ伝わったことです**。通常であれば、改革をするためには既得権益団体の様子をうかがいながら少しずつ切り崩す、というのが定石でしょう。しかし、橋下はまったく違いました。大阪府の人件費を削減するために、**「高齢者対策を聖域にしなかった。そして孫のために我慢してもらいたい、支援してもらいたい」**と、初めから彼は大阪府民や職員たちに強く訴えていたのです。

その結果、短期間で彼の本気度が伝わっていき、「公のために働きたい」という意欲があった公務員たちにも支持されるようになりました。


ドイツの文豪・**ゲーテ**は、**「大切なことは、大志を抱き、それを成し遂げる技能と忍耐を持つこと」**と、成功への要諦を説いていました。

橋下の持っていた大志とは、もちろん「大阪都構想」です。現役政治家としてバッシングの嵐を受けていたころは、疲労困憊（こんぱい）のあまり全身に蕁麻疹（じんましん）が発症し、シャツが血だらけになっていたのだとか。それでも踏ん張れたのは、**しんどいときこそ「強烈にポジティブなイメージ」を描いていた**からだそうです。大阪都構想が実現して、大阪が立ち直っていくイメージを具体的に描けば描くほど、カンフル剤になったと語っています。

政界に限らず、会社で新しいプロジェクトを立ち上げるときなどにも、必ず反対派がいるものです。しかし、会社にとって必要なことなら、信念を持って挑んでもらいたい。反発を恐れずにやり通すのです。

余談ですが、橋下の言葉はとてもわかりやすいのに、強く響き、聞く者の心を動かします。長らく政界を見てきましたが、大きな事業を成す政治家は誰もが**「シンプルで強い言葉」**をもっていました。田中角栄しかり、小泉純一郎(こいずみじゅんいちろう)しかり、橋下徹しかりです。

「何かを単純に説明できないなら、それはあなたの理解が足りないからだ」と言ったのは天才物理学者の**アルバート・アインシュタイン**ですが、田中や小泉、橋下にも共通するのは、とてつもない勉強家だということ。「シンプルに強く」国民に伝えるために、彼らが陰でいかに努力をしているか、推(お)して知るべしでしょう。

会ってみてわかった「ビートたけし」が愛される理由

信頼と同時に大切なのは、人に愛される人間になるということ。人はちょっとした気くばりをするだけで、愛される人間になると思います。

たとえばジャーナリストの櫻井よしこ（さくらい）さん。保守派の論客として高い支持を受けています。それは彼女の鋭い論説もさることながら、人柄にも人気の秘密があるのではないでしょうか。かくいう私も、櫻井さんに会うたびに虜（とりこ）になってしまいます。

2012年に、櫻井さんが理事長を務める国家基本問題研究所（国基研）の研究会に参加して、講師としてスピーチさせていただく機会がありました。

当日会場に行くと、櫻井さんは笑顔で迎えてくれました。そして無事にスピーチの役目を果たした私は、櫻井さんに挨拶をして帰ろうとした。けれどホストの櫻井さんの周りには、関係者が大勢集まっていたので、あまり近寄ることができませんでした。そこで私は遠くから「今日はどうも」と声をかけて、その場を立ち去ろうとしたのです。

すると、彼女は周りに「ちょっと失礼」というと、ササっとその場を離れて私のあとをついてきたのです。少し話しながらエレベーターまで見送ってくれた後、エレベーターに乗った私に対して、「今日はありがとうね」といって小さく手を振りました。ゲストとして参加した私に感謝の気持ちを伝えたかったのでしょう。深くお辞儀をすると、**エレベーターの扉が閉まるまで、お辞儀したまま見送ってくれたのです**。これには私も驚きました。

エレベーターでの別れ際の挨拶には、正解はありません。以前から知っている間柄だと、あまり折り目正しく接するのはかえって少々こそばゆいものです。けれど櫻井さんの場合は、**心からの御礼の気持ちが伝わってきて、むしろ清々しさすら感じました**。

こうした気くばりをされると嫌な気持ちはしません。櫻井さんが愛される秘密を垣間見た瞬間でした。

「相手を大切に見送る」という行動は、気くばりが苦手な人、あるいはコミュニケーションが苦手な人でも実践できます。最初は恥ずかしいかもしれませんが、ぜひ櫻井さんのように**「最後の数秒」**まで大切にしてみてはいかがでしょうか。きっと、あなたの「相手を大切にしている」気持ちは伝わると思います。

少し昔の話ですが、**ビートたけし**さんもテレビのイメージとはまったく違う方でした。私の妻・邱淑惠（キュースーエ）は以前、中国健康コンサルタントとして本の出版や講演会を行う傍ら、テレビにも積極的に出演していました。1990年代前半には、アナウンサーの生島（いくしま）ヒロシさんが司会を務める情報番組『ビッグモーニング』（TBS）にもレギュラー出演、たけし軍団の**井手（いで）らっきょ**さんと一緒に毎週ロケに行っていました。

そんな縁が手伝って井手さんと仲良くなり、ロケの前にわが家に遊びに来たことも何度もあったのです。あるとき話の流れで、厚かましくも私が「ぜひ殿（との）に会ってみたい」と井出さんに言いました。皆さんご存じでしょうが、「殿」とは井手さんの師匠であるビートたけしさんのこと。そしてそれからしばらくして、たけしさんとお会いする機会がありました。井手さんは、たけしさんとたけし軍団がレギュラー出演する『スーパージョッキー』（日本テレビ）の撮影現場に私と妻を招いてくれたのです。

私たちはカメラの後ろで見学して、生放送が終わると井手さんが私たちをたけしさんのもとへ連れていってくれました。生放送を終えたたけしさんは、少し疲れた表情で、椅子に腰かけていました。そこに井手さんが私たちを連れていき、たけしさんに紹介してくれたのです。

「殿、こちらは一緒に番組をやっている中国健康コンサルタントの邱淑恵さんと、旦那さんで、自民党本部職員の田村重信さんです」

するとたけしさんは立ち上がり、私たちの顔を見て「どうもどうも。はじめまして。ビートたけしです。らっきょがいつもお世話になりまして……」といい、頭を下げてきたのです。**その物腰の柔らかさに私と妻は驚きました**。

もちろん井出さんから事前に私たちの話は聞いていたのだと思いますが、たけしさんは当時からいくつも冠番組を持っていた大物芸人です。正直なところ、もっと偉そうな人ではないかと思っていたのです。何より生放送を終えたばかりで疲れていたはず。にもかかわらず、わざわざ立ち上がって、笑顔で挨拶してくれたのです。**実るほど頭を垂れる稲穂かな**、という言葉そのものでした。

せっかくなので私は「たけしさんのファンで、番組もたくさん見ています」といいました。すると「ありがとうございます」と再び頭を下げ、一介の見学者に過ぎない私たちをいろいろなお話で楽しませてくれたのです。

たけしさんは多くの弟子を抱えており、弟子には厳しいことで有名です。しかし、いくら人気があっても、スタッフや共演者たちに偉そうな態度で接していたら、すぐに仕事はなくなるはず。何十年にもわたって抜群の人気を誇っているのは、芸人としての面白さに加えて、こうした人間的な魅力が備わっているからなのだと、私はそう感じています。

13世紀のイギリスの哲学者**ロジャー・ベーコン**は**「人は賢明になればなるほど、ますます腰を低くして他人から学ぼうとする」**という言葉を残しています。

ベーコンはカトリック司祭である一方で、まだ西洋には広まっていなかった「イスラム圏の自然科学」の素晴らしさにいち早く気づき導入しようとした、近代自然科学の先駆者としても知られています。ビートたけしさんも芸人の範疇にとどまらず、映画や絵画の世界でも活躍しています。どんな世界でもその道を極めていく人は、いつも謙虚な姿勢を保ち、他者から学ぼうという欲求を持っているものなのです。

ちなみにジャーナリストの**田原総一朗**（たはらそういちろう）さんもまた、非常に謙虚な人物でした。

自民党を厳しく批判しており、司会を務める討論番組『朝まで生テレビ！』では、出演者の話を遮(さえぎ)ったり、聞く耳を持たなかったりすることもある。
しかし、私が番組に出演した際、収録前後にとても丁寧な応対をしてくれるので、初めて直接お話ししたときは驚いた記憶があります。

こうした大物の腰の低さは、政治の世界も同様です。当選を重ねて政務三役などに就任して、だんだんと偉そうになる政治家は少なくありません。しかし、そんな政治家は本当の大物にはなれないのです。**芸能界も政界も、大物であればあるほど謙虚で物腰が柔らかい**。これは共通点だと思います。

誤解を恐れず「信念を貫く姿勢」はいつか必ず評価される

2019年11月20日、安倍晋三（あべしんぞう）は、総理在職日数が「2887日」で歴代最長となりました。

では、それまで歴代最長だったのは誰かご存じでしょうか。それは**桂太郎**（かつらたろう）です。私は桂を非常に高く評価しています。それは、1905年に終わった日露戦争を処理した手腕が見事だったからです。

日露戦争で日本がバルチック艦隊を打ち破り勝利したことは、私たち日本人にとって大きな誇りです。日本を守るために戦った当時の日本人は本当に素晴らしかったと思います。ただ、日露戦争の戦場は満州南部と遼東半島、そして日本近海です。つまりロシア軍は遠い西側から来ていて、戦場に着いたときにはクタクタの状態だったわけです。

日本が優勢な状況で戦争が続いたあるとき、総理の桂は陸軍大将と満州軍総参謀長を兼任していた児玉源太郎に、ロシアの状況を聞きました。

すると児玉は「ロシアはモスクワから兵士をどんどん送っている。このまま戦争を続けたら、日本は壊滅する。早く終戦して、日露間で条約を締結すべきだ」という趣旨の回答をしたのです。もちろん、桂もその回答に同意しました。

とはいえ、国民に対して「このまま戦争を続けたら日本は敗戦する。だから妥協してでも終戦すべきだ」とはいえません。なぜならそんなことが公になったら、**ロシアが戦争をやめるわけがないからです**。そうして日本は妥協するかたちで終戦へと漕ぎ着けました。結果として日本は戦勝国となった。

しかし、一部の国民は、もっと戦争を続けるべきだと訴え、なぜロシアを徹底的に叩かないのだと桂を叩いたのです。1905年9月5日の日比谷焼き討ち事件は、日露戦争の講和条約の内容に納得しなかった民衆が起こしたものです。この民衆は、こうした事情、つまりあのまま戦争を続けていたら日本は敗れていたことを、まったく理解していなかったのです。

もちろん政府はそんなことはいえません。このように、**政治の世界には、時に国民**

に本当のことをいえないこともあるのです。私も40年にわたって自民党の職員として働き、そのような場面を何度も見てきました。メディアや国民から批判されても、グッと耐えることしかできない、そんな場面がたくさんあったのです。２０１５年に行った「平和安全法制」の整備などはまさにその最たる例でしょう（79ページ）。

たとえ国民を敵に回そうとも、国のことを第一に考え行動した桂太郎は並外れた総理だったのではないでしょうか。

桂の逸話はほかにもあります。

総理になるずっと前のこと。桂が陸軍で名古屋方面出身者から構成される第3師団を率いていた１８９１年、**マグニチュード８・０の濃尾（のうび）地震**が発生しました。濃尾地震とは、日本の内陸部で起きた過去最大の地震です。美濃（岐阜県西南部）だけでも５０００人近くの死者が出た自然災害で、「美濃・尾張地震」とも呼ばれます。

桂は第3師団長として軍を救助に向かわせなくてはなりませんでした。しかしその場合、被災地・岐阜の県知事の要請が必要になります。とはいえ被災地は混乱しており、すぐに要請は届きませんでした。そうこうするうちにも、被害は拡大していきます。すると桂は一大決心をしました。**要請が届く前に軍の派遣を決め、出動を命じたのです**。

大日本帝国憲法下では、軍の最高責任者は天皇でした。ですから、現在からは想像しにくいかもしれませんが、桂のとった行動はとても重たい軍規違反でもあったのです。

たとえ被災者を救うためとはいえ、桂は勝手な行動をしたわけだから、その責任を取らなくてはなりません。そこで桂は救助活動が終わったところで、辞表を持って明治天皇に謁見しました。お叱りを受けることを覚悟していたかもしれません。

しかし、明治天皇は桂をほめられたのです。自らの首を差し出す代わりに、被災者の救助を優先させた桂の行動力も見事なら、それを讃えられた明治天皇も本当に素晴らしいと思います。

もし桂が自らの出世だけを考えていたら、ひょっとしたら欲をかいて国民が望むまま、日露戦争を続けていたかもしれません。また、勝手な判断で軍を被災地に派遣することもなかったでしょう。しかし、桂は指導者として、もっというならば**「人とし**

てあるべき姿」を目指したのです。だから結果的に、桂は高い評価を受けているのです。

これは現代にも通じることではないでしょうか。出世や経済的な成功を目指して頑張るのもよいでしょう。しかし、所有欲や承認欲求だけを考えて働いていては、人間味がなくなり、ともすると周りの評価は思うほど上がらないかもしれません。

結局、人としてどうするべきか、を優先させるほうが賢明でしょう。そのほうが己も周囲も納得できる形で、結果がついてくることも多いものです。振り返ってみれば私が仕えてきた**16人の歴代総理**も、出世ではなく、国を良くしたい、そのためにはどうすれば良いのか、それを優先して考えてきた人ばかりでした。

「遠慮」は思いやりにあらず。大物がキレかけた意外な会話

出世していくと天狗になり、部下や後輩に威張り散らす人も少なくありません。かくいう自民党にも、何かというと後輩議員を怒鳴りつけ、先輩議員にはゴマをする、そんな議員がいたものです。すると、その人はどうなるでしょうか。周りは誰も意見しなくなります。要するに周囲が茶坊主ばかりになっていく。そうなると、その人の成長はそこで止まります。いくら出世しても、周りの意見を受け入れるべきです。もちろん、時には耳の痛いことをいわれることもあるでしょう。しかし、それで良い。部下や年下の意見もどんどん取り入れるべきだと思います。そうするだけで、部下たちは「あの人はきちんと話を聞いてくれる」と考えます。そうして人望が集まるのです。

中国大陸の長い歴史を振り返ると、王朝ができては滅ぼされ、またできては滅ぼされるという乱世が続いていました。そんななか、最も安定した時代を作ったのは7世紀の「唐」の皇帝・太宗（たいそう）です。では、なぜそれが可能だったかというと、太宗は臣下

の直言を受け入れていたからだといいます。それだけではなく、**良い提言をしてくれた人には報酬まで出していたのです。**

　このように太宗と臣下の問答をまとめた書物『**貞観政要**（じょうがんせいよう）』には、太宗が本当のことをいってくれる人を側に置き、ひたすら耳を傾ける姿が描かれています。日本でも昔から帝王学やリーダーシップ論の教科書として扱われており、かの徳川家康（とくがわいえやす）の愛読書でもありました。ライフネット生命保険の元会長で、立命館アジア太平洋大学（APU）学長を務める**出口治明**（でぐちはるあき）さんも座右の書として挙げておられます。近年、この書物を読む人が少なくなっていますが、これこそ組織に属する人すべてが読むべき教科書だと思っています。

　また、イタリアの政治思想家**ニッコロ・マキャベリ**の『**君主論**』にも、同様のことが書いてあります。やはりどんな立場になっても、自分を見失わないように、厳しいことも諫言（かんげん）してくれる人を側に置くべきなのです。

『君主論』は、実践的なリーダー論として現代でも人気ですが、あまりにも現実的すぎたため当時のローマ教皇に非難され、じつは発表から200年以上も一般向けに刊行されていませんでした。刊行後は、「マキャベリズム」「マキャベリスト（またはマキャベリアン）」という言葉も生まれるほど世界に大きな影響を与え、今に至るまで組織のマネージメントをする人たちのバイブルとして支持を集めています。

第82・83代総理大臣を務めた**橋本龍太郎**（はしもとりゅうたろう）も、積極的に人の意見を取り入れていたひとりです。まだ総理になる前の政調会長時代に、私は政調会長室長として、彼の秘書以上に密になって仕事をしていたのですが、**橋本はとにかく私の考えを求めてきました**。

当時すでに大物議員だったため、最初は私も物怖（ものお）じしました。無意識のうちに遠慮して、当たり障りのない返答をしていたのかもしれません。そんなとき橋本はやや不機嫌になって「本当のところはどうなんだ」と強い視線を送ってきたものです。**橋本は建前ではなく、常に本当の意見を求めていた**。だから私も徐々に正直な気持ちを伝えるようになりました。なかには腹立たしく思うようなことを言ってしまった時もあります。たとえば、テレビの政治討論番組に橋本が出演したときは、私は同行せずに必ずテレビ画面で見るようにしていました。そうして翌日に感じたことを伝えます。

「深いソファに座っていたので、首が亀のように縮んで変な感じでした。次からは、椅子は堅いものを用意してもらいましょう」

「照明が強いので、顔のテカリが気になりました。油取り紙を秘書に必ず携帯させましょう」

小さい事から大きい事まで、テレビにどう映っていたか、話の主旨がうまく伝わっていたかどうか、などを本人に正直に伝えたのです。しかし、**橋本は反論したり、怒ったりするのではなく、黙ってうなずきながら話を聞いてくれました。**

全く逆なのが、**小沢一郎**かもしれません。意見を聞かないだけでなく、意見する人間を排除してしまう。側近として一生懸命やってきた議員ですら、意見を言ってきたら遠ざけてしまいました。

小池百合子（こいけゆりこ）東京都知事にも同様の過去があります。周囲の意見を排除していけば、いずれ行き詰まってしまう。コロナウイルスとの闘いで注目度が集まるキーパーソンだからこそ、そのようなことにならぬよう、都民を代表して願うばかりです。

余談ですが、当時の橋本龍太郎は次期総裁といわれ、想像を絶する多忙な日々を送っていました。ときには、二人三脚で仕事をしていた私ですらまったく話しかけられないほど、来客に次ぐ来客で忙殺されることも多々あったのです。

けれど一方で、橋本に決断を仰ぐべき緊急の用件は、毎日私のもとに舞い込んでくる。そんなときにどうしたか。私は**「口と言葉」を使わず、代わりに「目と文字」を使う**ことにしました。

まず伝えたい用件を、なるべく短くして20～30文字に要約します。それから手のひらサイズのメモ用紙を用意して、大きな太い文字ではっきりと用件を書く。そして、橋本が次の来客者を迎える前の「わずか数秒」に割り込んで、自分は黙ったまま、サッとメモ書きだけを見せるのです。

すると、橋本はじっとメモ書きを見つめた後、イエスなら頷（うなず）き、ノーなら首を横に振る。そうして橋本の返事を見届けたら、私はすぐにその場を退散する。たった数秒の出来事なので、次に部屋に入ってくる客人を待たせることもありませんでした。あらかじめ用件を「イエスかノーか」で答えられるように要約しておくこともポイントで、それにより**わずかの時間でも重要案件を処理することが可能となった**わけです。

もし会話で確認を取ろうとした場合は、話す、聞く、理解する、考える、答えるという一連の動作にどうしても時間がかかってしまいます。ですが、喋らずメモを使うことで、その時間が一気に短縮されたのでした。

はじめは苦肉の策として考えた「20文字メモ」でしたが、その後も大いに役立ち、業務が非常に効率化しました。さらには、私からの気くばりの姿勢が橋本にも伝わり、信頼関係がとても堅固なものになりました。

読者の皆さんが、忙しい人と接するときの参考になれば幸いです。

副業はメリットだらけ！
ひとつの肩書にこだわるな

突然ですが質問です。

〝万能の天才〟**レオナルド・ダ・ヴィンチ**の職業は何でしょうか？

「最後の晩餐」や「モナ・リザ」を描いたのだから当然、画家だ。

有名な「ウィトルウィウス的人体図」を残せたのだから数学者だ。いや、建築家だ。

さまざまな意見があることでしょう。いずれも正解であり、同時に、完全な正解ではないとも言えます。

レオナルド・ダ・ヴィンチはご存じのとおり、絵画にとどまらず彫刻や建築、物理学、軍事技術、土木技術といったさまざまな分野で活躍しました。画家のイメージが最も強いかもしれませんが、じつは生涯で描いた絵画は20枚程度という説もありますから、物理学者や解剖学者という意見があってもおかしくありません。肩書をひとつにすることは逆に不可能でしょう。彼が万能の天才といわれるゆえんです。

肩書といえば、少し前まで終身雇用制が当たり前だった日本では、多くの人は肩書がひとつで十分でした。ひとつの会社に勤めあげるのが美徳だった時代です。

けれど現在は、その常識はガラリと変化しています。**転職や副業が当たり前の時代になり、肩書をいくつも持っていることがむしろ成功の証にすらなっています。**

これについては、リクルート出身の教育者・**藤原和博**（ふじはらかずひろ）さんが提唱した「**能力の掛け算**」という考え方が有名です。

まずAという分野に1万時間（約5年）を費やして努力すれば、Aの世界では「100人に1人」の能力になれる。

次に、Bという分野で同じように1万時間つかって「100人に1人」の能力を獲得する。そのときあなたは、AとBの能力を掛け算すると「**1万人に1人**」の能力をもつ人間になれるわけです。

もしAまたBそれぞれの分野だけで「1万人に1人」の能力を目指すと、どれだけの時間がかかるかわからないし、最終的に、ダ・ヴィンチのように突き抜けられるかは未知数です。けれど、「能力の掛け算」を使えば、**誰もが早ければわずか数年で、**

他人にはないパーソナリティを得られるのです。

サッカー界では選手と実業家という、複数の肩書を持つ人物が多いようです。よく知られているところでは、**中田英寿**（なかたひでとし）さんが現役引退後ではありますが、サッカーの仕事に関わる一方で、日本の伝統文化や工芸品、日本酒などの特産品を海外に広める活動をしています。

また、**本田圭佑**（ほんだけいすけ）選手は、現役のサッカー選手でありながらカンボジア代表チームの実質的な監督を務めていますし、日本国内のサッカースクールやアパレルブランドの運営、投資ビジネスなどにもチャレンジしています。

僭越ながらじつは私も、自民党の職員としての仕事だけではなく、本の出版や講演会の主催のほか、インターネット番組「パトリオットTV」のキャスターを務めています。そのほか、慶應義塾大学大学院法学研究科の非常勤講師を15年間務め、拓殖大学桂太郎塾の設立にも関わり現在名誉フェローとなっています。また、趣味が高じて歌手としてCDデビューを果たし、YouTube（ユーチューブ）で自分の歌のチャンネルを開設して動画を配信するなど、とにかくいろんなことを副業にしてきた人間の一人です。

もうすこし自分の話をさせていただくと、私はアルバイトとして自民党で働き始め、その後は正社員になり、裏方として党を支えてきました。ですから、党に対して非常に強い忠誠心を持っています。

しかし、政治家には選挙があります。もし落選したら、秘書も失業します。政治の世界は極めて不安定なのです。

1993年に自民党が下野して、野党になると大変でした。与党と野党では、議席の関係で政党助成金の額が違います。政治献金も減り、リストラもありました。2009年に民主党に政権を奪われたときには、早期退職の募集や給与カットが行われました。このあたりは企業の仕組みと同じです。収益が減ったから、高齢の高給取りの社員から解雇していくわけです。

それを目の当たりにした私は、「自民党だって明日消滅するかもしれない。いつ消滅しても生きていけるように心がけなくてはならない」と考えるようになりました。

もちろん、党に対する忠誠心がなくなったわけではありません。党にいる以上、党のために全力で仕事をしてきました。ただ、それと同時に自分を高める努力をした。つまり、**職場が突然なくなったり、あるいはリストラされたりする可能性はゼロではないから、そうなっても生きていけるスキルを身につけなくてはならない**と考えたわけです。

それからは、前例にとらわれず、「なぜ自民党の職員がそんなことをやっているのか」と言われるくらい、さまざまな事にチャレンジしてきました。実際に異業種に挑戦してみると、そこは勉強そのもの。だから自分の能力を高めることにもつながりました。

また、こうした活動を続けることで、自民党での仕事を失ったとしても、なんとか生きていけるわけです。会社が潰れたら野垂れ死ぬ……そんな人間になっていないか一度見直してみませんか。私の経験から言わせてもらえば、**いくつかの肩書を持つことにはメリットしかありません**。知識、人脈、収入、すべてが増えていきますし、何より、たとえ一人になっても生きていける、そんな自信をもって常に前向き姿勢になることができるのです。

「お金の下僕（げぼく）」とそうでない人の見分け方

さて、私が尊敬する政治家はたくさんいます。

なかでも自民党の前副総裁・**高村正彦**（こうむらまさひこ）もその一人。高村は2017年9月の衆院選には出馬せずに引退したものの、その後も自民党副総裁を務めていました。

2015年、政府は集団的自衛権の行使を目指して国会で議論を進めていました。また、それと並行して、与党の自民・公明両党は、安全保障法制整備に関する与党協議会を設置。

これは政府が示した集団的自衛権の一部行使を可能とした考え方をとりまとめ、**「平和安全法制」**の全法案を議論するためのものでした。

内容に不備がないか、国民に納得してもらえる内容なのか、そして日本にとって意義のある法律なのか、それを一つひとつ議論したのです。そして高村は、この協議会の座長を務めました。

実は座長に就任する直前、高村には第2次安倍内閣で外務大臣はどうかと打診がありました。外務大臣といえば多くの大物政治家が務めてきた大役です。しかし、**高村はその話を蹴って、協議会の座長を務めた**のです。この役職は、いわば平和安全法制の責任者といえるでしょう。決して外務大臣のような華のある役職ではありません。

また、いくつかのメディアがこの法律のネガティブ・キャンペーンを繰り広げていて難しい状況にありました。当然、反対派の批判の矛先が高村に向かう可能性もある。にもかかわらず、高村は役職を受けたのです。そして高村は法案成立まで協議会を見事に取り仕切りました。

法案成立直後に高村と会う機会があり、私は「先生のおかげで平和安全法制が成立しました」と称えました。すると「君が事務方で支えてくれたからここまで来られたんだ。ありがとう」という高村らしい返事がかえってきて、胸が熱くなったことを覚えています。もちろん、私のサポートなどまったくの微力にすぎませんが、そのように相手を立ててくれるのが高村という男なのです。テレビでの一見強面（こわもて）に映る姿からは想像できないかもしれませんが、実際にはとても柔和で優しいのが高村という人間なのです。

人には誰にも役割があるもの。それは仕事に限ったことでなく、家庭での役割もあれば町内会での役割もある。そして高村は政治家として最後の役割として、座長を見事に務め上げたのです。多くの人は、そんなことをやるよりも外務大臣をやったほうが良いのではないかと考えるだろうし、もしかしたら高村に進言した人もいるかもしれない。しかし、**人それぞれに生き方があり、「一番大切にするべきものは何か」を自分で見つけていた**のが、高村らしいところです。

こうした彼の行動に私は、明治時代から長きにわたり活躍した私の大好きな歌人・**佐佐木信綱**（ささきのぶつな）の和歌を思い出します。

「利（り）のやっこ　位（くらい）のやっこ　多き世に、我（われ）は我が身の主（あるじ）なりけり」

奴（やっこ）というのは江戸時代の人の呼び名です。

「最近は、お金や地位の下僕(げぼく)かと思うほど、それらばかりが人生の基準になっているやつが多い。けれどこんな世でも、金や地位を基準にするのではなく、自分なりの価値基準で己の人生は自分自身で決めていかなければならない」と、佐佐木は和歌で伝えています。これは、私の高校時代の恩師・佐藤昭(さとうあきら)先生からの年賀状で知った言葉です。

簡単に言えば、**お金や地位に振り回されるな**、ということでもあります。

会社には部署や役職があります。ひょっとしたら自分の思いとは違う役割が与えられるかもしれません。もちろん、そのとき堪えれば、次にやりたい役割ができるかもしれない。あるいはさっさと転職したほうが良いのかもしれません。**大切なのは、自分はどんな志を持ち、何を成し遂げたいかということ。**

「あなたの人生の主人は、あなたなのだ」というわけで、まさに高村のような生き方をすべきではないでしょうか。私は人生の岐路に立ったときは、いつもこの和歌を思い出すようにしています。

フランス映画『アメリ』に学ぶ上手なSNSの使い方

「困難だから始めないのではない、始めないから困難なのだ」


約2000年も昔に、ローマの哲学者・**セネカ**はそう言って民衆を鼓舞しました。

この言葉を知ったとき、私は雷に打たれたような衝撃を受けたのを覚えています。コロンブスの卵とでも言えばいいのでしょうか。当時、仕事や人間関係の悩みで曇っていた頭の中が、スーッと晴れ渡ったのです。

誰しも新たに何かを始めるには、かなりのエネルギーが要ります。私も経験はありますが、ついつい始める前に「できない理由」を探してしまうものです。

それは、新しいことに限りません。「ちょっと嫌だな」と思って避けていること、始められないことは山ほどあるでしょう。けれどやはり、何もしてないのに理由ばかり述べていいては前に進めないのです。

「やってみなはれ。やらなわからしまへんで」の浪花節で知られる、サントリー創業者・**鳥井信治郎**の〝やってみなはれ精神〟ではありませんが、失敗してもいいからまず始めたほうが簡単なのだと、古代ローマの賢人も教えてくれています。

少し昔の話をさせてください。

1991年、中東で湾岸戦争が起こりました。アメリカを中心とする多国籍軍を支援するため、日本は130億ドルもの拠出金を出しました。世界で最も多くのお金を出した。にもかかわらず各国から批判されたのです。

湾岸戦争後、イラクの侵攻から解放されたクウェートが、支援してくれた各国に向けて感謝の広告を出しました。その30か国のなかに、最大の拠出金を出した日本の名前は無かった。屈辱的な話です。実際には海上自衛隊が掃海部隊を派遣していたのですが、時すでに遅し、だったのです。

このままの状況で良いはずがない、それが当時の自民党の考えでした。

そして湾岸戦争を機に、政府はＰＫＯ協力法の検討を進め、国際社会側も日本にもさらなる国際貢献をするよう求めるようになってきました。そこで日本の国際貢献のあり方を議論するため、自民党内に特別調査会が設置された。会長が当時、自民党に所属していた小沢一郎だったため、それは「小沢調査会」と呼ばれました。私は小沢調査会の事務方の責任者を務めることになったのです。

そして小沢調査会では、戦後の日本ではタブーとされていた安全保障について議論を重ねました。皆さんはおわかりでしょうが、日本の安全保障は、「自衛隊」と切っても切り離せない関係です。けれど当時は、戦争を経験した世代を中心に自衛隊アレルギーは根強かった。新聞やテレビといったメディアも自衛隊批判を繰り返し、安全保障について語ることさえ難しい、マスコミ、世論の大バッシングを受けてしまう、そんな時代だったのです。

結果的に小沢調査会は47回にわたって議論を重ね、「国際社会における日本の役割―安全保障問題に関する提言」をまとめました。そして小沢から、この提言を総理大臣の**宮澤喜一**（みやざわきいち）に手渡すことで役目を終えました。

安全保障がタブーだった時代です。これは画期的なことでした。当然、大きな批判を受けることになる。実際に小沢調査会を批判する報道もありました。ひょっとしたら自民党の支持率低下につながるかもしれません。しかし、それでもやらなくてはならないことはあると考えて、皆が動いていました。結果的には想像していたほどの反感を買うことはありませんでした。**やる前にタブーを考えすぎて、それまで動けていなかったことを痛感した瞬間でした。**

現在では、災害派遣から海外への派遣まで、自衛隊は国内外で大いに活躍を見せています。なによりも、日本国民の自衛隊への感情が大きく変わりました。

いや、変わったというよりも、政治家やメディアが勝手に「国民は自衛隊の海外派遣を許さない」と考えすぎていたのでしょう。**安全保障にまつわる協議を始めなかったからこそ、話をすること自体がずっと困難だっただけなのです。**当時の小沢調査会の活動が、現在にいたる橋頭保となったのは間違いありません。

これはどんな世界でも同じはずです。誰しも、困難に思えるミッションに面と向かわなければならないことがあるでしょう。

例えば仕事の効率をアップさせるための改革。ひょっとしたら上司や部下からの反発があるかもしれません。すると、着手するのが面倒だと感じることでしょう。だからといってそのまま放置していては、改革が前にも、後ろにも一歩も進みません。やるべきだと感じたら、まずは始めることです。たとえそれで失敗したとしても、それは自分の成功のための糧になるでしょう。

日本でも大ヒットしたフランス映画の最高傑作『アメリ』には、

――人間には人生に失敗する権利がある――

という台詞があり、フランスらしい人生哲学だと感心したものです。

例えば、人間関係でのトラブルを解消したいとき。こちらが相手にアクションを起こせば、何らかのハレーションを生むかもしれません。けれど、動かないままでいては、自分の気持ちは重たく沈んだままで変わりません。失敗することだって、私たちの権利なのです。

メールなりLINEなり、今は瞬時に簡単な連絡ができるツールはたくさんあります。「おつかれさま！」「元気？　何してる？」とか、あるいはキャラクターの〝スタンプ〟を相手に送るだけでも良い。すこし動いてみましょう。案外、困難だと思っていたのは杞憂に終わることも多いはずです。

ちなみに、本項の冒頭に紹介した古代ローマの賢人・セネカは、政治家や文学者としての顔も持ち、彼の思想は当時の人々に大きな影響を与えました。そして、後にローマは**「パックスロマーナ（ローマの平和）」**と呼ばれる大繁栄時代を迎えます。その支配域はヨーロッパから中東にまで及び、当時の世界人口の「3分の1」がローマに集まっていたともいわれています。

みんながスーパーで聞いた「あの魚の歌」はこうしてできた

新しいことに挑戦できない大きな一つの理由として、失敗するのが恐いということがあるのではないでしょうか。誰かに叱責（しっせき）されてしまう。どう思われるか気になって恥ずかしい。そんな恐怖心が生まれるのも理解できます。

ですから私は、失敗を認めてくれる人間と付き合うべきだと考えています。なぜなら伸びる企業には必ず「失敗しても良いからやってみなさい」と言える上司がいたり、社風があったりするからです。それは自民党も同様です。かつての私の上司に**岩倉具視**（いわくらともみ）のひ孫で、自民党の「名物職員」といわれた**岩倉具三**（いわくらともみつ）がいました。いつも彼に背中を押してもらったことで、仕事を通して存在感を示せるようになりました。

岩倉は「職員といえども政治家と互角にやりあわなければならない」と考え、私にもそう説いていました。私も岩倉の影響を受け、勉強することの重要性を再認識。おかげで国防・安全保障の分野では、政治家からも多少は頼られる存在になることができました。

また、農林水産省の事務次官を務めたのち、参議院議員になった**大河原太一郎**も私の理解者で、何事も事前に相談していました。

私が職員として政務調査会に配属され、水産部会を担当していたときのこと。当時、日本では食肉の普及とともに**「魚離れ」**が急速に進んでいました。そのため水産業界は落ち込みがひどく、さらに、アメリカとソ連による二百海里水域からの日本漁船の締め出しで、北洋漁業の救済対策なども必要でした。そのような背景から、魚の消費拡大によって漁民を救済する策を、党内で議論していたのです。

そして私は、当時の水産庁の**石原葵**・水産流通課長（のちに農林水産省事務次官）と協力して、魚離れ対策として街頭でイベントを開催したり、本を出版したり、キャンペーンソングの製作をしてみてはどうかと提案し、主導しました。**これらは当然、前例のない初めての試みです**。水産業界の大ピンチを乗り切るには、従来の政策の延長線上にあるようなパッとしない対策ではダメで、もっと大きな消費拡大策をとるべきだと考えたのです。

官民総力挙げてのプロジェクトになるので、当然、失敗したときのリスクは甚大です。今だから言えますが、内心では臆するところがなかったとは言えません。けれど、こういった仕事に携わるときも、やはり大河原のように、**強力な理解者の存在があったのです**。そして、自民党自体にも**「何事も始めなければわからない。失敗を恐れていては何も始まらない」**という雰囲気がありました。ですから私は、猪（いのしし）のように猛然と仕事に取り組むことができました。そうして、あの名曲が生まれたのです。

さかな　さかな　さかな〜♪　さかなを食べると〜♪
あたま　あたま　あたま〜♪　あたまがよくなる〜♪

皆さん、一度は聞いたことがあるでしょう。そうです、スーパーの魚コーナーに行くと流れている**『おさかな天国』**です。聞くだけで不思議と楽しくなるあの音楽は、じつは水産業救済プロジェクトから生まれた歌なのです。人徳者として知られていた芸能事務所サンミュージックの名物社長・**相澤秀禎**（あいざわひでよし）さん（故人）に、「キャンペーンソングを作って普及したい」と相談して、『おさかな天国』は誕生しました。

また、このキャンペーンの一環で制作に携わった『魚を食べると頭が良くなる』（鈴木平光著／KKベストセラーズ）という書籍は、発売たちまち10万部を超えるベストセラーになりました。今では常識になっている魚のDHA（ドコサヘキサエン酸）という不飽和脂肪酸に注目した本で、目新しい内容が支持を集めて当時メディアでDHAブームを巻き起こしたのです。

このように、水産業界復活プロジェクトはたくさんの分野で成果を収めることができましたが、その背景には失敗を気にさせない先輩や国会議員、組織があったのは間違いありません。

逆に部下が失敗したからといって、その追及ばかりしてしまうような上司がいると、部下は何も提案してこなくなり、その組織は伸びることなどあり得ません。

会社で新しいプロジェクトを始めるときなどは、結果がどう転ぶか分かりません。だからといって立ち止まるべきではない。やはり前進するのが良いのです。「あのときこうしておけば良かった」と後悔するのは**最も効率が悪い**こと。前進すれば成功も失敗も50％の可能性ですが、**前進しなければうまくいく可能性は0％だからです。**

ただ、一つ重要なのは、何かに挑戦するときは、**必ず抵抗を少なくする方法を考えること**。障害を除去する努力をしなくてはなりません。例えば組織のなかで味方を作るのもその一つです。失敗する人の多くは、闇雲（やみくも）に前に進もうとするだけで、障害物を除去する行動をしていないものです。

それでも失敗するのは仕方ない。誰だってみんな失敗を繰り返すもの。発明家の**トーマス・エジソン**が「**1万回の失敗ではない。わたしは1万通りのうまくいかない方法を発見したのだ**」と言っているように、努力と失敗を経て成長するのです。誰もが同じです。

74ページで「いくつもの肩書を持つ男」として紹介したレオナルド・ダ・ヴィンチも、じつは事業が途中で頓挫（とんざ）することが多く、教皇の叱責を受けたこともあるようです。けれどダ・ヴィンチ本人は「**目に見えないものである魂を定義する**（**時間を浪費する**）**代わりに、経験によって知ることのできる物を研究するほうが、ずっと良い。経験だ**

けは間違わないから」と、次々と新しい仕事の契約を取り付けていたのだとか。要するにこの逸話からは〝失敗するかどうかは考えてもわからないから、たくさん挑んで、経験して、次に生かすべき〟という教訓が伝わってきます。

失敗といえば、やはり安倍総理を思い浮かべます。安倍は2006年9月に総理に就任するも、体調不良を理由に、わずか1年で辞任しました。普通ならそれで終わっていたはずです。しかし、その後の安倍は勉強を積み重ね、党の若手議員の応援をして人望を集め、再び総理の座に返り咲いたのです。安倍もまた、最初は総裁選で落選するのではないかと考えたはず。しかし、結局は出馬したのです。落選すると決めつけ出馬すらしなかったら、何もできなかったことでしょう。彼がいかにして失敗を糧にしたかは、第二章で詳しくお話しします。

世界1位の時価総額企業だったNTTは、30年後にどうなったのか

社会的、あるいは経済的に成功している人は、行動力があるような気がします。「やってみなはれ精神」がある。しかし、世の中には行動しない人が多いのではないでしょうか。それは近年の政治家も同じで、衆議院なら4年、参議院なら6年、淡々と仕事をこなすだけで、永田町でまったく存在感を示せずに任期を終える議員もいます。それでは何も成し遂げることなどできないのです。

経済誌『週刊ダイヤモンド』の特集で、平成元年と平成30年の「世界時価総額ランキング」を掲載しました。次ページの表がそれです。時価総額とは、上場企業の株価に発行済株式数を掛けたもの。要するに企業を評価する指標で、数値が高いほど優秀な企業だということです。

平成元年には、トップ10社のうち7社を日本企業が占めていました。しかしその30

平成30年（2018年）世界時価総額ランキング

順位	企業名	時価総額（億ドル）	国名	順位	企業名	時価総額（億ドル）	国名
1	アップル	9409.5	アメリカ	26	ファイザー	2183.6	アメリカ
2	アマゾン・ドット・コム	8800.6	アメリカ	27	マスターカード	2166.3	アメリカ
3	アルファベット	8336.6	アメリカ	28	ベライゾン・コミュニケーションズ	2091.6	アメリカ
4	マイクロソフト	8158.4	アメリカ	29	ボーイング	2043.8	アメリカ
5	フェイスブック	6092.5	アメリカ	30	ロシュ・ホールディング	2014.9	スイス
6	バークシャー・ハサウェイ	4925.0	アメリカ	31	台湾・セミコンダクター・マニュファクチャリング	2013.2	台湾
7	アリババ・グループ・ホールディング	4795.8	中国	32	ペトロチャイナ	1983.5	中国
8	テンセント・ホールディングス	4557.3	中国	33	P&G	1978.5	アメリカ
9	JPモルガン・チェース	3740.0	アメリカ	34	シスコ・システムズ	1975.7	アメリカ
10	エクソン・モービル	3446.5	アメリカ	35	トヨタ自動車	1939.8	日本
11	ジョンソン・エンド・ジョンソン	3375.5	アメリカ	36	オラクル	1939.3	アメリカ
12	ビザ	3143.8	アメリカ	37	コカ・コーラ	1925.8	アメリカ
13	バンク・オブ・アメリカ	3016.8	アメリカ	38	ノバルティス	1921.9	スイス
14	ロイヤル・ダッチ・シェル	2899.7	イギリス	39	AT&T	1911.9	アメリカ
15	中国工商銀行	2870.7	中国	40	HSBC・ホールディングス	1873.8	イギリス
16	サムスン電子	2842.8	韓国	41	チャイナ・モバイル	1786.7	香港
17	ウェルズ・ファーゴ	2735.4	アメリカ	42	LVMHモエ・ヘネシー・ルイ・ヴィトン	1747.8	フランス
18	ウォルマート	2598.5	アメリカ	43	シティグループ	1742.0	アメリカ
19	中国建設銀行	2502.8	中国	44	中国農業銀行	1693.0	中国
20	ネスレ	2455.2	スイス	45	メルク	1682.0	アメリカ
21	ユナイテッドヘルス・グループ	2431.0	アメリカ	46	ウォルト・ディズニー	1661.6	アメリカ
22	インテル	2419.0	アメリカ	47	ペプシコ	1641.5	アメリカ
23	アンハイザー・ブッシュ・インベブ	2372.0	ベルギー	48	中国平安保険	1637.7	中国
24	シェブロン	2336.5	アメリカ	49	トタル	1611.3	フランス
25	ホーム・デポ	2335.4	アメリカ	50	ネットフリックス	1572.2	アメリカ

「週刊ダイヤモンド」2018年8月25日号より転載／　が日本企業

平成元年（1989年）世界時価総額ランキング

順位	企業名	時価総額（億ドル）	国名	順位	企業名	時価総額（億ドル）	国名
1	NTT	1638.6	日本	26	日産自動車	269.8	日本
2	日本興業銀行	715.9	日本	27	三菱重工業	266.5	日本
3	住友銀行	695.9	日本	28	デュポン	260.8	アメリカ
4	富士銀行	670.8	日本	29	GM	252.5	アメリカ
5	第一勧業銀行	660.9	日本	30	三菱信託銀行	246.7	日本
6	IBM	646.5	アメリカ	31	BT	242.9	イギリス
7	三菱銀行	592.7	日本	32	ベル・サウス	241.7	アメリカ
8	エクソン	549.2	アメリカ	33	BP	241.5	イギリス
9	東京電力	544.6	日本	34	フォード・モーター	239.3	アメリカ
10	ロイヤル・ダッチ・シェル	543.6	イギリス	35	アモコ	229.3	アメリカ
11	トヨタ自動車	541.7	日本	36	東京銀行	224.6	日本
12	GE	493.6	アメリカ	37	中部電力	219.7	日本
13	三和銀行	492.9	日本	38	住友信託銀行	218.7	日本
14	野村証券	444.4	日本	39	コカ・コーラ	215.0	アメリカ
15	新日本製鐵	414.8	日本	40	ウォルマート	214.9	アメリカ
16	AT&T	381.2	アメリカ	41	三菱地所	214.5	日本
17	日立製作所	358.2	日本	42	川崎製鉄	213.0	日本
18	松下電器	357.0	日本	43	モービル	211.5	アメリカ
19	フィリップ・モリス	321.4	アメリカ	44	東京ガス	211.3	日本
20	東芝	309.1	日本	45	東京海上火災保険	209.1	日本
21	関西電力	308.9	日本	46	NKK	201.5	日本
22	日本長期信用銀行	308.5	日本	47	アルコ	196.3	アメリカ
23	東海銀行	305.4	日本	48	日本電気	196.1	日本
24	三井銀行	296.9	日本	49	大和証券	191.1	日本
25	メルク	275.2	アメリカ	50	旭硝子	190.5	日本

年後、トップ10社はアップルやアマゾン・ドット・コムなどのアメリカ企業や、アリババ・グループ・ホールディングなどの中国企業が占めています。対する日本企業はトヨタ自動車の35位が最高位。日本企業は完全に凋落してしまったのです。

平成元年に世界1位だったNTTの時価総額は、1638・6億ドルです。しかし、平成30年に1位だったアップルの時価総額は、9409・5億ドルにも上ります。平成元年のNTTの時価総額は、平成30年だとトップ50社にギリギリランクインする程度なのです。つまりこの30年間で、世界はものすごい勢いで経済成長を遂げたにもかかわらず、日本だけがこの成長についていけなかったということです。ちなみに2019年12月の日本経済新聞によると、その時点ではNTTの時価総額は1002億ドルとのことでした。

日本はバブル景気に浮かれていました。だから企業には「経営がうまくいっているから、余計なことをしなくても良い」という考えが蔓延。要は、日本企業はあぐらをかいていたわけです。

バブル崩壊後も、そのときの体質が抜けきっていなかったことを象徴するエピソードがあります。２００１年、アップル社の最高経営責任者だったスティーブ・ジョブズが来日し、発売直後だった「ｉＰｏｄ（アイポッド）」の協業をソニーに持ち掛けました。もともとｉＰｏｄはソニーのウォークマンを参考にして作られたともいわれ、両社の親和性は高かったはずです。しかし、ソニーはまったく取り合わなかったのだとか。これは当時の日本企業の象徴的な〝俺様体質〟がわかる話です。

人は現状に満足すると、挑戦することなどしません。もっと厳しい言い方をすれば、現状に甘んじてしまうわけです。すると、もう衰退するしかない。

ただ、日本にも世界に目を向ける優秀な企業はたくさんあります。例えばユニクロは世界で売り上げを伸ばしています。日本経済新聞によると、２０１９年８月期の連結決算で、ユニクロ事業の海外営業利益が国内部門を上回りました。主力事業に関していえば、**「海外利益が国内を上回るのは初」**だそうです。

海外に進出するということは、当然、**柳井正**（やないただし）会長を中心とする幹部、社員らが世界に目を向けているからこそできたことです。これは松下電器産業（現パナソニック）創業者の**松下幸之助**や、京セラ・第二電電（現ＫＤＤＩ）創業者の**稲盛和夫**（いなもりかずお）さんも同じでしょう。

こうした経営者に共通しているのは、やはり**挑戦する心を持っていること**。それは偉大な足跡を残した政治家も同じです。この心がなければ、前進などできないわけです。コロナウイルスによる世界経済の混乱は長らく続いていますが、挑戦する企業や経営者がいる限り、きっと日本経済も立ち直ると信じています。

かつて日本企業の多くが好景気に浮かれていた間、日本は他国に対しても甘く見ていたような気がします。例えば中国です。1980年代から1990年代前半あたりの中国はまだ貧しかった。そのため、徐々に発展する中国を見てもなお、「貧しい国だから成長するのは当たり前だ」とでも考えていたようにしか思えません。まさか日本が抜かれることになろうとは、思ってもみなかったことでしょう。

そうして楽観視しているうちに、中国などの新興国は力をつけていったのです。そして2010年には中国のGDPが日本を追い抜き、日本は3位へと転落したのです。ちなみにイギリスのメガバンクHSBCは、**2028年までに日本はインドとドイツに抜かれ、5位に転落するという予測を立てています**。

やはりこれからの日本を支える人にこそ、世界に目を向けてもらいたい。そして行動してもらいたいのです。

昨今、アメリカでは「アメリカ・ファースト」を掲げるドナルド・トランプ大統領が誕生し、ヨーロッパに目を向けると、移民排斥を訴える右派政党が台頭しています。こうした考えは、ともすると内向きになるのかもしれません。しかし、それでは平成の日本のように衰退してしまう危険性がある。やはり世界に目を向けることも大切です。

先ほどはソニーの失態を挙げましたが、もちろんそれ以上に優れたところがたくさんあります。かつてソニーには、**小松万豊**（こまつまんぽ）さんという伝説の営業マンがいました。トランジスタラジオの海外シェアを拡大させ、ソニーを世界的なブランドに成長させた人物です。小松はこう言って、海外に出ていく関係者を鼓舞していました。

「俺たちが売る一番大事なもの、それは、Made in Japan（メイドインジャパン）の誇りだ」

やはりいま一度、世界に目を向けて、世界から良いものは取り入れ、日本の良い部分は守る。日本人としての誇りを胸に、行動してもらえればと願っています。

第2章
自民党・現役議員のすごい「気くばり」

本章では、内閣総理大臣をはじめとした現役の閣僚や、自民党の大物議員らとのエピソードをお話しします。国の舵取りをするトップの政治家が、いかなる人間力をもっているか、一般国民が知ることの少ない裏側をお伝えしていきます。

小泉進次郎は「人に嫌われたとき」どう対応したか

2019年9月、**小泉進次郎**（こいずみしんじろう）は環境大臣として初入閣を果たしました。進次郎がたったひと言話すだけで、何十、何百というニュースの見出しが生まれました。一挙手一投足がメディアに取り上げられるという意味では、総理大臣にも匹敵する注目度の高さです。ゆえに発言の一部だけが切り取られ、誤解を受けることもあります。けれどそれは、小泉進次郎という政治家が人の耳目を集める非凡さの証しでもあります。

彼は2009年に初当選したときから、すでに抜群の知名度でした。元総理の**小泉純一郎**の息子であることに加えて、スター性のあるルックスも人気の理由でしょう。ただ、小泉進次郎の魅力はそこではありません。私が強く感じるのは、彼は人の心をよくわかっているということ。子供のころから大物政治家の父の姿を見ることで、「人の心を動かす」ためには、何が必要かを学んできたのだと思います。

なお本書では、わかりやすさを優先させるため、姓の「小泉」ではなく、名の「進次郎」を呼称といたします。

2014年12月の衆院選で三度目の当選を果たした進次郎は、翌年、自民党の農林部会で部会長に就任しました。部会長とは部会の取りまとめ役で、若き進次郎に農政改革が託されたのです。

部会には農政を熟知する政治家、**江藤拓**(えとうたく)も参加していました。江藤は農林水産副大臣や衆議院農林水産委員会理事を歴任したのち、現在は農林水産大臣を務めています。その経歴からもいかに農政に詳しいかがわかります。

じつはその江藤ですが、2005年7月の衆議院本会議で、当時の総理大臣、小泉純一郎が推し進めた郵政民営化法案の採決に反対票を投じました。そのため直後に行われた解散総選挙、いわゆる「郵政選挙」では、自民党の公認を外され、対立候補を立てられた過去があります。だから江藤は、小泉総理の次男である進次郎に良い印象は持っていなかった。「政敵の息子」とすら考えていたのかもしれません。

進次郎の話によれば、江藤から「調子に乗って飛ばさないほうがいい」と嫌味をいわれたことがあったそうです。また、話すときに目を見てもらえなかったし、面と向かって「お前のことなんか嫌いだ」とまでいわれたというから驚きです。

そこまでいわれると、普通の人だったら江藤を避けるようになるはずです。強気な人だったら、言い返してしまって、ますます関係が悪くなるかもしれません。

しかし、**進次郎は江藤を避けもしなかったし、反抗もしなかった。逆に自ら距離を縮めていったのです。**江藤に「陰で悪口をいわれるより、面と向かっていってくれたほうが嬉しい」といい、なんと「今度、飯に連れていってください」とお願いしたといいます。すると江藤は、「お前は気持ち悪い奴だな」と呆れながらも、直後に食事に連れていってくれた。食事中は二人で農政の話に花を咲かせたといいます。両氏の仲が改善されたことはいうまでもありません。その後の農林部会では、両氏は意見をぶつけ合いながらも、調整を図ることができるようになったのです。

最速で「他人の態度を変える」たったひとつの方法

進次郎の江藤への対応を見て、私はアメリカの高名なメンタルコーチ、**ロバート・コンクリン**の教訓を思い出しました。トップセールスマンとして活躍していたコンクリンは、自己啓発プログラムの開発を行って、その分野のパイオニアとなり、かつて日本でも熱狂的な支持を集めた人物です。

コンクリンは著書『説得力　敵を味方にする法』(PHP研究所)のなかで、人との関係を変える方法について以下のように説いています。

〈まずあなたが変われば、他人も変わるのです。あなたがまず行動を起こすのです。すると他人もそれにつられて行動を起こします〉

つまり、人間関係を改善させるのに効果的な方法は、状況を変えたり、他人を変えたりするのではなく、自分自身を変えることだというわけです。

恋人や友人、あるいは会社の上司や部下と揉めると、人は「あいつのこの部分は改善してもらいたい」と考えがちになるものです。それでは何も解決しません。相手との関係を改善するには何が良いかを考える。そして自ら行動に出る。それが人間関係を改善させていくのです。これを読んだ当時、私は目から鱗（うろこ）が落ちる思いでした。この本は瞬（また）く間に全米で大ベストセラーとなりましたが、それも納得の内容でした。

また、中国・春秋時代の思想家・**孔子**が残した『論語』には「子曰（しいわ）く、人の己を知らざるを患（うれ）えず、人を知らざるを患（うれ）うるなり」という一文があります。**「他の人が自分をわかってくれないと嘆くのではなく、自分が他の人を理解していないことを心配しなさい」**という意味です。孔子もコンクリンと同様の言葉を残しているのです。

いま、あなたが働いている会社や所属している場所に嫌な同僚はいますか？　目を合わせてくれない、何かと不親切な対応をしてくる、あるいは敵意を向けてくる……。そんな人の一人や二人、いるかもしれません。

例えば仕事をしていると、やたらと口を挟んでくる上司がいたとします。すると「ガミガミいわないでほしい」「好きにさせてほしい」と考えがちになるものです。もしそう考えてしまったら、その時点で相手に変化を求めていることになるわけです。そんなときこそ、コンクリンの言葉を思い出してもらいたい。相手を変えようとするのではなく、自分が変わるのです。

「自分は悪くないのに、なぜ私が変わらないといけないのだ？」と不満に思う人もいるかもしれません。しかし、「あなたは部下だから上司にへりくだれ」といっているのではありません。**自分が態度を変えることで、上司の態度も変えてしまう作戦なのです。**

とはいえ、進次郎のように、いきなり不仲な上司を食事に誘うのは難しいかもしれません。だったら最初は簡単なことで良い。例えば毎朝、大きな声で上司に挨拶するのはどうでしょうか。**会話するのは難しくても、挨拶くらいはできるはず。**ある日突然、関係が良くない部下から挨拶されるようになるわけですから、最初は上司も驚くかもしれません。しかし、挨拶されて嫌な気持ちになる人などいないはず。そういえば、進次郎も部会で集まったときに、江藤に大きな声で挨拶をしていたものです。

もし上司が挨拶を返してくるようになったら、今度は少し会話してみてください。仕事のことでも良いし、「今日は天気が良いですね」といった他愛もない話をしても良いでしょう。毎朝、少し話をすることで、徐々に二人の距離は縮まるはずです。そしてまともに会話ができるようになったら、食事に誘ってみるのです。

とにかく、まずは自分が変わる。それがコミュニケーションの第一歩になります。

心を鷲掴み（わしづか）みにされた進次郎の「ひと言」

私が進次郎に初めて会ったのは、自民党が下野する2009年の衆院選の少し前でした。

アメリカのシンクタンクである戦略国際問題研究所（CSIS）の**ジョン・ハムレ**所長と、同研究所で当時日本・朝鮮担当部長を務めていた政治学者の**マイケル・グリーン**が来日したのです。私は両氏と旧知の仲だったこともあり、都内のホテルにいる二人のもとを訪れました。するとその場に進次郎もいたのです。

進次郎は2006年に非常勤研究員としてCSISに所属していました。その関係で、ハムレ、グリーン両氏と一緒にいたのでした。その席では少し挨拶を交わした程度で、深く話すことはありませんでした。

次に会ったのは2009年の衆院選の直後。党本部の国防部会で会いました。私は初当選を果たしたばかりの進次郎にお祝いの言葉をかけました。すると彼は「ありがとうございます！」といい、「父がお世話になりました」と頭を下げてきたのです。

なぜ「父が～」と言われたのか、すこしご説明します。

すでに政界引退を決めていた父親の小泉純一郎は、2009年の衆院選には出馬せず、自民党の公認候補者の応援に専念することになり、演説のため全国各地を飛び回りました。本来、遊説には秘書が随行するものです。しかし、純一郎の秘書たちは、彼の選挙区・神奈川一一区を引き継いだばかりの息子・進次郎の選挙活動をサポートすることになった。選挙前から当選が確実と見られていたとはいえ、初出馬なのだから当然の判断でしょう。

しかし、純一郎は人気も知名度も抜群の元総理。一人で地方へ行かせるわけにはいかず、自民党の職員がついていくことになった。そして党の判断で、私がその役割を担ったのです。

だから進次郎はわざわざ「父がお世話になりました」と頭を下げてきたのです。

このひと言で、**「進次郎は若いのに、なんて気くばりができる男なのだろう」**と感心しました。

進次郎の話はまだ続きます。「田村さんの本を読んでいます」というのです。さらに「実はマイケル・グリーンさんから『困ったことがあったら、田村さんの指導を受けるように』といわれています。だから今後もお世話になります」とまでいってきました。

私はこのやりとりで、進次郎という男にすっかり心を奪われてしまいました。

頭を下げる、相手を喜ばせる。これは政治家としてだけではなく、人としても大切なことです。そうした行動は、必ず自分に返ってくるからです。このとき私が「一職員として進次郎を全力で支えよう」と決意したことはいうまでもありません。

多忙なときほど効果的！「99％」信頼を得られるルール

政治家の仕事はたくさんありますが、国会の各委員会で質問に立つことも大切な仕事の一つです。

私は「**自民党政務調査会**（せいむちょうさかい）」という、ニュースなどでは「政調会（せいちょうかい）」と呼ばれるセクションで、国防部会・安全保障政策を長く担当していました。

ここで私が37年にわたって所属した「政調会」と「国会議員の委員会での質問」について、少し説明します。

議院内閣制の日本では、政府の法律案および予算案などの重要政策は、与党の事前承認が必要になります。そして自民党では、政策決定の際に政調会が大きな役割を果たしています。

政策は最初に政調会の外交、国防、農林などの各部会で法律案などが審議され、次に政調審議会と総務会で議論、了承されれば、党議決定となります。そして閣議決定後に国会に提出され、衆議院と参議院で審議されるというわけです。

だから政策決定には、自民党の各部会長と政調会長が強く関わっているのです。

加えて政策決定には、幹事長や総務会長、その政策に精通した国会議員の役割も重要ですが、他に関係省庁や関係業界も影響力を行使します。そして、実はあまり表舞台には登場しませんが、やはり大きな影響力を行使するポジションが、私のような政調会の部会担当職員なのです。

国防部会・安全保障政策を担当していたときは、多くの議員や役人と密なやりとりをしました。安全保障委員会に所属する議員が、委員会で質問に立つに当たって、安全保障に関する知識を共有したり、政策を作ったり、質問に必要な資料を揃えたり、場合によっては質問を一緒に考えたりするわけです。


進次郎もそのなかの一人です。あるとき、進次郎が私に電話をかけてきました。そして以下のようにいうのです。

「今度、安全保障委員会で質問に立つことになりました。そこで申し訳ないのですが、質問のポイントと関連資料を集めていただけますか」

快諾した私は数日で資料を準備すると、進次郎の事務所に電話をかけました。議員の事務所に電話すると秘書が応対してくれます。そして面会の日時を決めて、当日は私が資料を持って議員に会いに行くことになる。議員は多忙なのだから当然です。

しかし、進次郎のときだけは違います。秘書が「小泉が田村さんのところへ行きますので、時間の調整をお願いします」というのです。初めてのケースだったので驚いて、「いえ、私が行きます」と返しました。しかし、秘書は「困ります。小泉が行きます」といって聞かない。結局は日時を決めると、「それではお待ちしております」といい、私は電話を切りました。

そうして当日は、**約束の時間になると、進次郎は自民党本部の私のデスクまでやってきました**。これが彼とほかの議員の大きな違いです。彼も暇ではない。抜群の知名度を誇っているため、地方に遊説に出かけたり、講演会に招かれたりする機会も非常に多いのです。ひょっとしたら他の議員より忙しいかもしれない。にもかかわらず、わざわざ私の説明を聞きに、資料を取りに来てくれたのです。

そこまでされたら私も悪い気はしません。資料を渡して説明するときに、いつも以上に熱が入ったことはいうまでもありません。

進次郎は「資料を用意してもらったのだから、私が取りに行くのが筋だ」と考えていたのだと思います。だから秘書にもそう指示したのでしょう。彼は本当に気くばりができる人です。自民党の若手議員で、彼ほどの人格者はいないと断言できます。

多忙でも人と会わなくてはならないとき、自分から出かけるのは面倒に感じてしまうものです。しかし、仕事で人と会うときは、可能な限り自分から行くべきだと思います。人に頼みごとをしたときは尚更（なおさら）です。相手はあなたが頼んだことをやってくれた。それに対して感謝を伝えたいなら、礼をいうよりも会いに行く。そうするだけで感謝の思いが伝わるものです。だからこそ、**足を運ぶことを面倒臭がらないでください**。面倒なことをすればするほど、相手と強い関係を構築することができるのです。

新型コロナウイルスの感染者拡大によってリモート会議が流行していますが、相手がＯＫな場合は、直接出向くことは意外と効果があるのです。

「令和おじさん」が誰からも慕（した）われるワケ

自民党にいる魅力的な政治家は、進次郎だけではありません。2019年4月1日、新元号・令和を発表したことで、「令和おじさん」として話題になった**菅義偉**内閣官房長官もまた、学ぶべき点が多い政治家です。

私が初めて菅と会ったのは、党内の会議でした。菅は集団就職で秋田から上京してきた人物です。最初はダンボール工場で勤めました。そして2年で退職すると法政大学で学び、次に電気通信設備の保守点検会社に就職しました。その後、秘書として政界入りすると、横浜市議会議員を二期務めて、1996年に衆議院に出馬し当選。ようやく国会議員になりました。

この経歴を見れば分かるとおり、菅は苦労人です。だから二世議員や官僚上がりのようなエリート特有の雰囲気はありません。私も菅に最初に会ったときは、特にこれといったオーラは感じず、正直、ここまで大物になるとは思っていませんでした。

菅は秘書として**小此木彦三郎**に仕え、**梶山静六**という叩き上げの政治家の指導を受けてきました。若い読者はご存じないかもしれませんが、小此木も梶山も、謹厳実直かつ温和怜悧な人柄で、誰からも愛された昭和の政治家です。菅は両氏を師に持ったことが良かったのでしょう。自身も同じく党人派（官僚や特別な一族の出身ではないこと）の政治家として、党内でどう存在を示すべきかを学んだのです。

では、どう存在感を示したのか。その方法は、**ただただ丁寧な仕事を続けること**。菅は田中角栄元総理のような話術もなければ、小泉純一郎のような派手さもない。それでも菅と話していると、**不思議と安心感を覚えるのです**。何より菅は話しやすい。私のような職員はもちろん、若手議員が菅を慕っているのも、やはりその人柄にあるのです。

官房長官になってから、菅は毎日記者会見を開いています。その際、新聞記者からは厳しい質問を受けることもあります。なかには質問ではなく、政府に対して批判を述べる記者もいます。揚げ足を取ることに専念する記者もいるかもしれない。しかし、菅はいつも淡々と回答しています。

そんな菅だから、記者も遠慮なく批判してしまう部分があるのかもしれません。もしハマコーこと浜田幸一（はまだこういち）のような短気な性格だったら、会見は打ち切りになるかもしれません。記者もどこかで菅の人間性に安心感を覚えて、時に面と向かって批判している……そんな気がしてなりません。

菅義偉からの忘れられない「ありがとう」

組織のなかに菅のような人がいると、非常にまとまるものです。特に若手からすると、何かあったらあの人に相談すれば良いと頼れるからありがたいのです。私はこれまで菅と深く付き合ったことはありません。ただ、面倒見が良く、礼儀正しい人だという噂は、以前から聞いていました。だから人望が厚いのです。

あるとき、菅の地元・横浜の自民党支部で開催される研修会で講演することが決まりました。するとその直後、ある会合で顔を合わせたときに、菅はこういってきたのです。

「田村さん、今度横浜で講演をやってくれることになったそうですね。ありがとうございます」

お礼をいってくれたことは素直に嬉しかったのですが、それ以上に驚いたのが、**菅の情報収集能力です**。官房長官という首相を間近でサポートする役割の人にとってみたら、自分の党の職員が横浜で講演することなど小さな話です。また、毎日忙しくしているのだから、たとえ秘書から「政調会の田村が横浜で講演します」と報告を受けていたとしても、そんな話は忘れてしまうものではないでしょうか。しかし、菅はそれをしっかりと覚えていた。だから私を見かけると、わざわざお礼をいってくれたのです。

これは小さなことかもしれません。しかし、**一言お礼を言われるのと言われないのとでは、その人に抱くイメージはまったく違ったものになります。**

菅は評判どおり、礼儀正しい人物なのだなと実感しました。それと同時に、政権発足以来、なぜ安倍総理が菅を官房長官に据え続けているのかも分かりました。総理と思想信条が近く、また政治家として有能なのはもちろんですが、やはり常に気くばりができる。そんな菅だからこそ、総理から大役を任されているのだと思います。

第二次世界大戦時のイギリスの名宰相、**ウィンストン・チャーチル**は、**「誠実でなければ、人を動かすことはできない」**というよく知られた言葉を残しています。彼は〝ヒトラーから世界を救った男〟として、欧米ではいまなお熱狂的な人気を誇ります。

チャーチルは歯に衣着せぬ物言いで、議会では変人扱いされて嫌われていました。けれど、彼の悪態が「真に強い国をつくるため、すべては国のため」という想いから出ていることは、議員をはじめ、国民全員に伝わっていました。つまり、**誠実さという目に見えないものでも、きちんと相手には伝わるものなのです**。菅はまさに、この大政治家と同じことを実践しているといえるでしょう。

田中角栄や小泉純一郎のような話術やカリスマ性を兼ね揃えた人は、そうはいるものではありません。だからこそ、組織人としてのあり方を菅から学ぶべきだと考えています。常に丁寧に、真摯に、真面目に人と接する。そしていかなるときも感情的にはならない。それだけで周りの人は「またあの人に相談しよう」と考えるようになるでしょう。すると、あなたの組織での存在感はどんどん増すし、同時に組織での評価も上がります。そして気づいたら菅のように出世していくことも夢ではないはずです。

実は菅は、**お酒が飲めない体質です**（パンケーキが好物の甘党です）。それでも、夜には様々な分野で活躍する人と会食して、交流を深めているといいます。多い日は、何件も会食をハシゴすることもあるそうです。会食には情報収集という大きな目的があるのでしょうが、それ以上に、人と会い、人と接することで、コミュニケーション術を学んでいるのではないかと推察します。そうして得たスキルを、組織内で遺憾なく発揮している。だから菅は党内で支持を集めているのです。

　時を遡ること150年前、欧米諸国がアジアで次々と植民地を広げていき、日本は動乱の最中にありました。攘夷か鎖国か、国の行く末を大きく変える決断のときに、八面六臂の活躍を見せた男こそ、**西郷隆盛**です。じつは彼もお酒が得意でない下戸でした。

「敬天愛人」（天を敬い民衆を愛する）を人生の美学としていた西郷は、たとえお酒は飲めなくとも、坂本龍馬や勝海舟といった重要人物とたくさんの交流を持ち、さまざまな知見を得ることで、やがて現在の日本国へとつながる礎を築いていきました。

　令和を迎えて、我が国を取り巻く国際情勢はますますスリリングになってきています。今まで以上にグローバルな視座、海外要人との人脈、国内各所との連携や信頼関係が必要になっているときに、菅のような〝下戸〟が台頭するのは、私には偶然の一致とは思えないのです。

日本の行く末を変えた知られざる「菅の突破力」

自民党が野党に転落した直後の2009年9月、谷垣禎一（たにがきさだかず）が自民党総裁に就任しました。その後谷垣は、政権奪還を目標に3年にわたって党を率いました。ところが2012年の総裁選では、谷垣のもとで幹事長を務めていた石原伸晃（いしはらのぶてる）が立候補を表明。すると谷垣は、執行部を統率できていなかったことを理由に、自らの出馬を断念したのです。

そうして行われた総裁選には石原伸晃のほか、石破茂、町村信孝（まちむらのぶたか）、林芳正（はやしよしまさ）、そして安倍晋三の5名が出馬。候補者が出揃ってから、いざ投票日を迎えるまで、ずっと石破が優勢だといわれていました。かくいう私も、国防・安全保障関係で深く付き合っていた石破に一票を投じました。

石破は自民党が下野してからというもの、国会で厳しく民主党政権を追及していました。また、メディアを使って自らの考えを訴えるなど、巧みな話術でアピールを続けていました。当時の石破はとにかく輝いていたと思います。しかし、結果的には安倍が総裁の座を射止めることになります。

実は安倍は、ギリギリまでこの総裁選に出馬するつもりはなかったといいます。やはり石破に勝てる見込みがなかったからでしょう。そんな安倍に出馬するよう訴え、最終的に口説き落としたのが菅です。もちろん、安倍に対する個人的感情から口説いたわけではありません。民主党政権下で日米関係はかつてないほどに冷え切り、経済状況も低迷していました。そんな危機的状況で政権を担えるのは、安倍しかいないと考えていたのでしょう。

また、菅はその時点で、出馬すれば必ず勝てると考えていました。実は安倍は2007年にたった一年で総理を辞すると、その後は**一兵卒として若手議員たちのために遊説に回って、ずっと汗をかいていました**。だから党内、特に若手議員からの人望が厚かったのです。そして菅もそれをわかっていました。だからこそ、いまが勝負のときだと考え、出馬を猛プッシュした。それに応えるかたちで、安倍は重い腰を上げたというわけです。

投票結果は、菅の思惑通りとなりました。第一回投票では石破が最も多くの党員票を集め、一位になりました。しかし、得票数が過半数に満たなかったため、二位の安倍とのあいだで決選投票が行われ、国会議員の支持を受けて、安倍は108票を獲得して勝利したのです。

先述したとおり、菅は滅多に感情を露わにしませんが、それでも**実はハートが熱い。**

また、こうと決めたら実行する突破力があります。

そんな菅の突破力を象徴する話があります。2002年、当選二期目だった菅は、北朝鮮の貨客船・万景峰(マンギョンボン)号の入港を禁止する法律を議員立法で作りました。万景峰号が、不正送金や対日工作活動に活用されている疑いがあったからです。二期目の若手議員でありながら、これほど大きな法律を作ってしまう。当時はその実行力に舌を巻いたものです。

官房長官になってからも、突破力を遺憾なく発揮しています。安倍政権はベトナムなどの外国人入国ビザの受け入れ拡大を決めましたが、当初、外務省は犯罪率の増加などを理由に反対したのです。しかし、菅が調整して実現させました。やると決めたらやる男、それが菅義偉なのです。

こうと決めたら必ずやり通す——。そんな菅の姿勢は政治家のみならず、夢を持って生きている誰しもが参考にすべきではないでしょうか。

安倍晋三と小泉純一郎に共通する特徴は何か

前述したように、**安倍晋三**は2019年11月20日で通算の総理大臣在職日数が2887日となり、桂太郎を抜いて**歴代最長**となりました。安倍総理の姿を見ていると、**「運命は神の考えることだ。人間は人間らしく働けばそれで結構である」**という夏目漱石（なつめそうせき）の言葉を思い出します。総理として一日一日を大切しながら職務を全うした結果、在職期間が最長になっただけなのです。決して長く総理を務めることを目的としたわけではありません。

首相としての在任期間が長いといえば、海外ではイギリスの**マーガレット・サッチャー**

元首相が思い起こされます。サッチャー女史は、鋼鉄のように強い意志を持っていたことから「鉄の女」と呼ばれました。

11年間の首相任期中には、イギリスの女王である**エリザベス2世**と意見が異なっても、決しておもねったり屈したりすることなく、国益重視の政策を進めていきました。彼女の強いリーダーシップのおかげで、「英国病」とも呼ばれた1960～70年代の最悪の経済状況を脱することができたのです。

そんなサッチャーと同じくらい、いやそれ以上に強い意志を持っているのが安倍総理でないか、私はそう感じています。なぜなら2012年12月に総理の座に就いて以来、数々の難事の壁を突破してきたからです。

2015年9月に集団的自衛権の限定的行使を含む平和安全法制を成立させたのは、その最たるものです。国会でこの法律が議論されていたときは、多くのテレビ・新聞が批判を続けました。しかし自民党は、いまの北東アジアの情勢に鑑み、日本にはこの法律が必要だと考えた。そういった**強い信念があったからこそ、あれだけの批判をものともせず突き進んだのです**。コロナ禍の真っただ中にあって、メディアからは様々な批判をされます。けれど私が見ている本当の総理の姿は、信念をもち、やるべきことに粛々と、誠実に向き合っているのです。

信念が強いのは、長期政権を築く総理に共通していることかもしれません。5年5か月にわたって総理を務めた**小泉純一郎**もまた、強い信念を持っていました。

2009年の衆院選の期間中、小泉の遊説に随行したことはすでに述べました。帰りの新幹線で必ず私は小泉のために日本酒のカップ酒を用意し、小泉は車内でそれを美味しそうに飲んでいました。ときどきは私も一緒に飲みました。

京都での遊説を終えた帰路、車内で一緒に飲んでいたとき、酔いも手伝って、ずっと聞きたかったことを小泉に聞きました。それは、分裂選挙で負けるといわれていた郵政選挙になぜ踏み切ったかということ。

それに対する小泉の答えは明確でした。**「信念だよ」**というのです。

小泉は国会で郵政民営化関連法案を議論していた当初から、「この法案が通らなかったら衆議院を解散する」と断言していました。でも、誰もそんなことは信じていなかった。「どうせ解散なんてできるわけがない」といっていたのです。ところが、小泉は何がなんでも郵政法案を通すつもりだった。だから参議院でこの法案が否決されると、解散したのです。

以上のように、小泉・安倍両氏は、信念で政治を行っているという点で共通しています。私は仕事柄、「長期政権を築く総理と短命に終わる総理は何が違うのか」と聞かれることがときどきあります。政権は長く続けようと思ってできるものではありません。**強い信念を持って、一日一日を必死でやる。それしかないのです。**


もしいま、あなたが勤めている会社で何もやりたいことがなかったら、いますぐ退職したほうが良いのかもしれません。しかし、一つでも実現させたいことがあるなら、それを続けるべきです。

仕事であれプライベートであれ、私たちも何かを続けるのは大変です。1年後、5年後、10年後……と将来のことを考えたときに、目標が高ければ高いほど、不安やプレッシャーに襲われることもあるでしょう。

けれど、安心してください。歴代総理で最も長く日本を動かしてきた安倍総理でも、やっていることはシンプルに「今日に集中する」こと。結局のところ、夢や目標への一番の近道は、あなたの眼前の仕事に集中することなのです。

そして、それを継続するために持っておきたいのが「信念」といえます。

「困っている人の役に立ちたい」

「世の中を変える仕事をしたい」

「家族のためになることをしたい」

信念はなんでも良いのです。毎日の生活に疲れたときや、人生の岐路に立ったとき、あるいは困ったときは〝自分の信念〟に立ち戻りましょう。その結果、どんな選択をしようとも、それは必ず正解になり得るのです。


当然、反対の意見も出てくるでしょう。昨今の安倍総理に対するメディアの報道を見ても、それは明らかです。党内にも安倍総理の考えに批判的な議員がいます。同様に会社においてでも、友人同士のコミュニティにおいてでも、必ずあなたの考えに反発する誰かが現れるはずです。ひょっとしたら陰口を叩く人も出てくるかもしれない。

そんなときにどうすれば良いか。歴代総理を見ていて感じたのは、時には見なかったふりをする、**聞かなかったふりをすることも大切だということ**。批判をいちいち気にしていては、物事を進めることなどできません。だから批判は見ない、聞かない。

冷静になって周りを見渡せば、必ずあなたの意見に賛同してくれる人がいるのです。見ない勇気、聞かない勇気を意識するだけで、必ず気分は楽になるはずです。

信念というキーワードで私が思い浮かべるのは、「電話」を発明したアメリカの発明家、**グラハム・ベル**です。若いころの彼は、昼は先生として教壇に立ち、夜は実験・研究を繰り返すエネルギッシュな生活を送っていました。

じつはベルの母親、そしてベルの妻は、ともに**聴覚障害**がある〝ろうあ者〟でした。ベルたちは、ろうあ者のための発声方法を研究するなかで、電話の発明に辿り着いたそうです。それらの仕事の根底には、「家族のために」という強い信念があったことは間違いないでしょう。そして、一日一日、やるべきことをやった結果、現在の私たちまでが恩恵を受けている「電話」を発明したのです。彼の偉業は、たとえできるかどうか誰にもわからないことでも、自分の信念に従って行動するときも必要だ、ということを教えてくれます。

「ときには踏みならされた道を離れ、森の中に入ってみなさい。きっと、これまで見たことがなかった何かに出会うことでしょう」

このベルの言葉は、現代の私たちの心にも響くメッセージです。彼は晩年になっても、新製品の開発などで衰え知らずの研究意欲を見せていました。また、彼の創業したAT&Tは現在でも、企業の時価総額ランキングのトップクラス常連になっています。

数百人の政治家のなかでも「特別だった3人」

剛腕・辣腕、暴れん坊、寝業師、カミソリの頭脳……。

私はこれまであらゆるタイプの政治家を見てきました。数百人かそれ以上になるでしょう。日本という一国を動かす仕事ですから、ほとんどの政治家がエネルギーに溢れて、魅力的な人柄を持っていました。

ですが、それだけの数を見てきても、**「オーラを感じた人物」**は、後にも先にもたった3人だけです。

一人目は、**大平正芳**です。「哲人宰相」と呼ばれた人物です。

大学時代、私はアルバイトとして自民党の派閥の一つ、宏池会で働き始めました。そして卒業後も、そのままお世話になりました。その当時、宏池会で領袖を務めていたのが大平です。

同じ時期に大平は三木武夫内閣で大蔵大臣を務めていたため、宏池会の事務所に来ることは滅多にありませんでした。しかし、たまにポケットに手を突っ込んで事務所に入ってくると、**強い「風圧」を感じました**。私はオカルトの類はほとんど信じていない人間ですが、はっきりと、どこかしら風がそよぐ感覚があったのです。その後、大平は第68・69代内閣総理大臣となりました。

二人目は、**田中角栄**です。私と同じ新潟出身の政治家で、パワーのある人物でした。職員として仕事で深く関わってはいないのですが、よく国会議事堂や自民党本部で顔は合わせていました。田中はいつも秘書やSPをたくさん引き連れており、やはり大平と同じように「風圧」を感じたものです。最近、彼をモチーフにした書籍がいくつもベストセラーになっています。田中は面倒見が良く、周りにはいつも笑いが絶えなかった。人望があったのです。だからいまだに語り継がれているのでしょう。

最後の三人目は、第90・96・97・98代内閣総理大臣の**安倍晋三**です。最初に安倍と会ったのは、彼が父・**安倍晋太郎**（あべしんたろう）の秘書を務めていたころです。晋太郎の遊説に随行したことは何度もあります。しかし、晋太郎に寄り添っていたのは晋三ではなく、いつも別の秘書官でした。そのため、秘書・安倍晋三の印象は何もありません。

その後、晋三は亡くなった晋太郎のあとを継ぎ、1993年に国会議員になりましたが、当初は自民党に数多くいる二世議員の一人に過ぎませんでした。

そんな晋三からも、やがて風圧を感じるようになりました。それは総理官邸の執務室で、二人きりになったときに感じたのです。

総理として党だけでなく日本を率い、国益をめぐって世界の指導者と闘ってきました。それが彼を成長させ、ついには大平・田中といった昭和の大物政治家と肩を並べる、いやそれ以上の存在となったのでしょう。

ビル・ゲイツも共感する「愚かな意見をどう扱うか」

自民党に籍を置く人間として感じているのは、安倍晋三は理想の上司であるということです。私がそれを実感したのは2012年12月16日、つまり彼が総理に返り咲くことが決まった日です。順を追って説明しましょう。

2009年に政権を獲った民主党は、その稚拙な政権運営により、日本を大きく混乱させました。ただ、そんな政権のなかにも、きちんと仕事をしていた議員が少なからずいました。その一人が鳩山由紀夫(はとやまゆきお)・菅直人(かんなおと)両政権で防衛大臣を務めた**北澤俊美**(きたざわとしみ)です。

私が北澤を高く評価している理由は、彼が防衛に関する知識を持っていたことに加えて、大きな仕事を成し遂げたからです。彼は菅政権下で、総理秘書官の一人に防衛省の役人を割り当てたのです。

官邸にいる総理秘書官は、各省庁から出向している官僚です。それまでは財務省や外務省、経済産業省や警察庁などの役人が務めるのが通例でした。各省庁は、官邸とのやりとりをスムーズにするためにも、自分たちの省庁から総理秘書官を送りたいと考えているもの。しかし、省庁のあいだには力関係があります。だから弱い立場の省庁から秘書官を送り出すのは難しいのです。

防衛省もずっと秘書官を送ることができませんでした。戦後の日本では国防が重要視されず、防衛「省」ではなく、ずっと防衛「庁」でした。そんな事情もあってか、防衛省は遠慮せざるを得なかったのだと思います。

しかし、私は防衛省から総理秘書官を送るべしと主張し、自民党の提言にも明記しました。それを北澤が実現させました。その詳しい過程は省きますが、「政治主導」を謳い、ある種、独裁的に政権を運営していた民主党政権下だったからこそ実現できたわけです。官僚を政治から排除したやり方は評価できませんが、それでも実現させた北澤の手腕は賞賛に値します。

その後、菅内閣が退陣すると、野田佳彦（のだよしひこ）内閣が誕生。その約1年後の2012年11月、ついに野田総理は衆議院の解散を決めました。そしてその時点で、誰もが自民党の政権奪還を確信していました。

そんな折、防衛省の高官が私のもとにやってきて、以下のようにいうのです。

「自民党が政権を獲ってからも、防衛省の総理秘書官を継続してください」

自民党に政権が戻ったら他の省庁との関係を慮る、だから防衛省の秘書官はその役を解かれるだろう、という話が囁かれていました。だから私のもとにやってきたのです。

私はその席で「わかりました。安倍に会って話してみます」と約束しました。

そうして迎えた2012年12月16日、第46回衆議院議員総選挙の開票日。すでに自民党の勝利が確実視されており、党本部も朝から活気づいていました。

安倍が党本部にやってきたのは午後7時を過ぎたころでした。私は総裁室で安倍と面談し、防衛費の増額などしばし意見交換をしたのち、防衛省から頼まれたとおりに、「防衛省の総理秘書官を継続してください」と頼みました。そして語気を強めて以下のように訴えました。

「防衛省の役人が総理官邸に席を持つことは、大事なことです。有事の際にしっかりと対応するためにも、ぜひ継続をお願いします！」

このとき、安倍から明確な回答はありませんでした。ただ、**私の話を聞きながら、**

強く頷いていました。安倍の姿を見た私は、きっと継続させてくれるだろうと確信したのです。そして、その確信は間違っていなかった。なぜならば、総理官邸から防衛省の秘書官は離れることがなかったからです。

秘書官の続投に当たっては、他の省庁からの反発もあったようです。それをどう押さえ込んだのか、具体的なことは分かりません。しかし安倍総理のもと、以前は防衛省の**島田和久**が、そして現在は**増田和夫**が秘書官を務めています。こういった決断ができる人物だからこそ、私は安倍を理想の上司だと考えています。

このとき改めて学んだのは、**人の話を聞くことの大切さです**。相手が上司だろうと部下だろうと、意見をきちんと聞く。これがコミュニケーションを円滑にする、組織を安定させる第一歩なのだと思います。

もし安倍が聞く耳を持たない人物だったら、開票日という大事な日に部下の私が突撃してきた時点で、忙しいからとあしらっていたかもしれません。党内では、私が部会で発言すると、「職員が偉そうなことをいうな!」と怒鳴る議員もごく少数いたものです。しかし、安倍は私を総裁室に受け入れて、真摯に私の意見を聞いてくれました。そして結果的には、私の意見を採用してくれたのです。

そんな安倍の姿から、**徳川家康**を思い出さずにはいられません。家康は、どんな無能な部下の意見も聞いたといいます。**「愚かなことを言う者があっても、最後まで聴いてやらねばならない。でなければ、聴くに値することを言う者までもが発言をしなくなる」**というのがその理由です。

また家康は、**「いさめてくれる部下は、一番槍をする勇士より値打ちがある」**とも言っています。こんな考えを持っていたからこそ、徳川は太平の世の礎を築けたのではないでしょうか。安倍もまた、部下の意見を取り入れる。そして最後は自分で決断する。そんな力があるからこそ、長期政権を築いているのでしょう。

マイクロソフト創業者の**ビル・ゲイツ**も**「最も不機嫌なカスタマー（顧客）は、そこから学ぶことのできる貴重な存在である」**と、家康と同じことを公言しています。自分にとって都合のいい意見ばかりを優先するのではなく、違う意見を取り入れること。その大切さは、時代を超えて通じるところがあるのです。

総理大臣と面会するために、あなたならどうする？

島田秘書官の件でもう一つ語っておきたいことがあります。

私は政調会の職員として、これまで総理官邸で歴代総理と何度も面会してきました。その主な目的は政策提言でした。ただ、これまでに二度だけ、私的な用事で総理のもとを訪れたことがあります。一度目は定年退職の直前。私は嘱託職員として働く前に、2018年1月に一度自民党を定年退職しています。その際に安倍総理に退職の挨拶をしました。

二度目は翌2019年6月。出版した拙著『秘録・自民党政務調査会　16人の総理に仕えた男の真実の告白』（講談社）を届けたときです。同書では安倍総理はもちろん、父・晋太郎についても書いているため、どうしても自分で本を手渡したかったのです。

しかし、当たり前のことながら、総理というのは多忙な毎日を送っているものです。

にもかかわらず、私は二度も私的な用事で総理と会うことができました。特に二度目は私が会ったその日、急遽アメリカのドナルド・トランプ大統領と電話することになり、他の予定がキャンセルされました。そんななか、私との面会だけは予定通り行われたのです。なぜそれが可能だったのかといえば、先述の島田を通じてアポイントメントを取ったからなのです。

総理の周りには数人の秘書官がいます。秘書官は総理にあれやこれやと頼みごとをするものです。特に首席秘書官はその機会が多い。しかし、防衛省から来た、つまり防衛担当の島田が頼みごとをする機会は極めて少ないのです。そんな島田から何かを頼まれると、安倍もよほどの用事なのではないかと思うわけです。

また、島田は非常に優秀な人物で、安倍からの信頼が厚いことも知っていました。だからこそ、私は島田を通じてお願いしたのです。

これはビジネスにも使えるスキルです。あることを成し遂げたいときに、自分の力だけではどうすることもできない。しかし、**自分以外の人の力を借りることで、実現できることもあるのです**。当然、そのときは適切な人を選ばなくてはなりません。私は島田と安倍の関係をよく知っていた。また、私自身も島田と深い仲だった。だから島田を通じてアポを取ったのです。もし、私から別の秘書官に頼んでいたら、面会するのは難しかったでしょう。

ニュースでは報じられない二階俊博の「素顔」

現在、自民党で大きな存在感を示している議員といえば、幹事長の二階俊博でしょう。自民党には清和政策研究会（細田派）、宏池会（岸田派）、志公会（麻生派）、平成研究会（竹下派）など9つの派閥があります。ただ、昭和の時代に比べると、派閥の存在感は薄くなりました。その理由は二つあります。

一つ目は、1988年のリクルート事件によって、安倍晋太郎や渡辺美智雄ら、派閥の領袖であり、将来の総理候補といわれていた有力議員たちの芽が摘まれたこと。それまで派閥の領袖が総裁選に出馬するのが慣例でしたが、この事件を機に、領袖ではない人物が総裁選に出馬、その結果、宇野宗佑や海部俊樹が総裁、そして総理に就任したのです。

二つ目の理由は、1994年に衆議院で小選挙区が導入されたこと。これによって同じ選挙区で自民党の議員同士が争う必要がなくなりました。それと同時に、派閥もその領袖たちも、かつてほど目立たなくなったのです。

しかしそんななか、志帥（しすい）会（二階派）を率いている二階だけは、大きな存在感を示しています。

二階は派閥に所属する議員からの人望がとにかく厚い。それが存在感につながっているのだと思います。

二階の人間性を表すこんなエピソードがあります。

ある議員が、初当選以来、ずっと所属していた派閥を退会しました。私は、この議員が地方議員を務めていたころからの仲だったこともあり、退会した理由を訊ねました。すると「派閥に会費を払っているだけで、所属していても何もメリットがない」というのです。

しかし、それからしばらくして、この議員は志帥会に入りました。それからしばらく経って会ったときに、「二階派はどうですか？」と聞いたら、「とても居心地が良い」

と笑顔で語っていました。

要するに二階は、**徹底して面倒見が良いのです**。だから派閥に所属する議員の相談にものっている。ある議員がスキャンダルでマスコミから叩かれて、党内で議員辞職を求める声が出たときも、二階だけは最後までかばったという話もあるほどです。そんな姿を見たら、「一生この人についていこう」と思うものではないでしょうか。

面倒を見るというと少し上から目線に聞こえるかもしれませんが、実際にやっている事は**「知っている仲だから少しでも応援するよ」**というシンプルな気くばりなのです。でも、その気持ちを持っているだけなのと実際に行動に移されるのとでは、受け取る側の感謝の気持ちに天と地ほどの差が生まれるのです。

二階が面倒を見るのは議員だけではありません。他に対しても同じです。

2015年、私の友人でもある小西美術工藝社社長の**デービッド・アトキンソン**が、著書『新・観光立国論』（東洋経済新報社）で山本七平賞を受賞しました。その記念として、翌2016年1月に東京でシンポジウム「日本の『新・観光立国』をどう実現するか！」を開催。日本をより魅力的に感じてもらい、多くの外国人観光客を受け入れるにはどうすべきか、それをテーマにしたシンポジウムで、司会は私が務めました。そしてパネラーにはアトキンソンのほか、林幹雄・経済産業大臣、加藤勝信・一億総活躍担当大臣、下村博文・前文部科学大臣、山本幸三・自民党観光立国調査会長、田村明比古・観光庁長官、田川博己・日本旅行業協会会長、そして二階俊博・自民党総務会長（肩書きはいずれも当時）を迎えました。

シンポジウムの開催が決まり、私が真っ先に声をかけたのが、党内で最も観光に力を入れていた二階です。

二階はすぐに快諾してくれました。加えて自分の秘書に指示を出し、シンポジウムの準備を取り仕切ってくれたのです。また、当日はたくさん人を集めてくれました。二階にはそれだけの力があるわけです。イベントを無事に終えて、関係者がみんな二階に感謝したことはいうまでもありません。

組織である程度の部下を従えている人は、ぜひ二階の行動を参考にしてもらいたい。**組織を一つにまとめるうえで、仲間の面倒を見ることは絶対に必要です。**部下に「この人のために」と思わせる。そうすることで組織は強くなるはずです。二階もそれを分かっているから、後輩議員や職員に気をくばり、とことん面倒を見ているのです。

ツイッターで大人気！
本当の河野太郎はどんな男か

「助さん格さん」「葵の紋が入った印籠」といえば、テレビでおなじみの「水戸黄門」です。主人公・黄門様のモデルは、「副将軍」という異名で知られた**徳川光圀**（とくがわみつくに）です。30代にして水戸藩（現在の茨城県）の藩主となった光圀は、当時の常識にとらわれない革新的な事業をたくさん行いました。

例えば当時は美徳としてとらえられていた「殉死」（じゅんし）（主君が死んだ後に家臣たちが後追い自殺をすること）の禁止や、完成までに250年を要した歴史書『大日本史』の編纂など、枚挙に暇がありません。

ただし、名君として誉れ高き徳川光圀ですが、藩主になる前はとんでもないヤンチャ小僧でした。名家の出身にもかかわらず、言いたいことを言い放題だったり、街で不良たちと遊んだりして、家臣たちは大変手を焼いたそうです。

実は防衛大臣の**河野太郎**（こうのたろう）を見ていると、その姿が光圀に重なって見えます。

2017年、河野は外務大臣に就任すると、歴史問題を抱える韓国に対しても毅然とした態度で対応。一気に国民からの支持を集めました。

また、ユーモア溢れるツイッターへの書き込みも、注目を浴びている理由の一つです。彼は富士ゼロックスの元社員なのでIT機器やSNSの扱いに慣れていて、新時代の政治家としては素晴らしい素養をもっています。

また安倍総理からの評価が高いのも、国家公安委員長、外務大臣、防衛大臣を歴任していることからも明らかです。

河野は、入閣する前から党内で大きな存在感がありました。部会でとにかく発言が多く、官僚に反論することもしばしばありました。**いわばうるさ型の議員でした。**

河野の噂は霞が関の役人にも伝わっていました。そのため、彼が外務大臣になった直後には、ある外務官僚から「河野さんは大丈夫でしょうか?」と相談を受けました。

私は「大丈夫です」と即答しました。そう答えたのは、きちんとした根拠があったからです。

河野が国家公安委員長を務めていたときに、彼をよく知る党職員から「河野は役所の枠に収まる」という話を聞いていました。言い換えるなら、自分が与えられたポストに適応するということです。

以前の河野は、外務省批判ばかりしていました。外務官僚の旅費についても問題視して、「害務省」といったこともあるほどです。

また、閣僚入りする以前は、父・河野洋平と同じ思想を持ち、安倍総理とは相反するとの声も少なくありませんでした。なかには彼の入閣を危惧する声もあったほどです。しかし現在、**官邸の一員として完璧に役割を全うしています**。

「**脱皮できない蛇は滅びる**」

これはドイツの哲学者、**フリードリヒ・ニーチェ**の言葉です。まさに河野は自分の置かれた立場によって脱皮、つまり適応し、それと同時に政治家として成長しているのです。

人は脱皮を繰り返して、成長していかなくてはなりません。状況はどんどん変化するものです。それに対応するために努力する。それが人を成長させるのです。

例えばタクシー運転手。バブルのころは黙っていても稼げました。しかし、景気が悪化すると客は減りました。それでも儲けている運転手はいるのです。では、ほかの運転手と何が違うかというと、客が多い場所、時間に関する情報を集めたり、流し営業のときも客が多い道を通ったりするなどの工夫をしているから。つまり景気悪化とともに脱皮して、努力して、成長する、そんな運転手は儲けているわけです。

これはどんな職業にも当てはまること。だから現状を把握して、変化を感じ取る。そして自分はどう適応していけば良いのかを考える。それを心がけるだけで成長できるはずです。

猛スピードで成長し、人心を掌握する「三国志」の教え

政治家は若手・中堅のうちはうるさ型のほうが良い。官僚に「あの人はいい人」と

思われたら終わりです。なぜなら「いい人」とは「無視してもいい人」にニュアンスが近い。つまり舐められているわけです。だから相手に「あの人はうるさい」と思わせるくらいでちょうど良いのです。河野はまさにそんな人物で、党内の議員や官僚から、いつも丁寧な対応をされています。

過去を振り返ると中曽根康弘、渡辺美智雄、中川一郎ら、大物政治家の大半は、やはりうるさ型でした。そして適度に恐れられていた。だからこそ、官僚は何か進めたい仕事があると、まずはうるさ型の議員に説明に来て、お伺いを立てるようになるのです。

うるさ型がいることで、組織に適度な緊張感が生じ、結果として良い仕事に結びつくのは、おそらくどんな分野でも同じではないでしょうか。

「あの人は仕事が細かい」と思わせると、周りは手を抜かなくなります。また、人にうるさくするということは、同時に自分にも厳しくしなくてはなりません。つまり**自分の仕事のクオリティを向上させることにもつながることでしょう。**

ただ、出世していって、ある程度部下を従えるようになったら、うるさ型ではいけません。実際に河野は外務大臣に就いたら、人の意見を聞いて、着実に課題をこなすようになりました。まさにニーチェがいうように、脱皮したのです。

上司になって部下をガミガミいってばかりでは、部下は萎縮します。むしろ部下の話をよく聞いてあげる。まさに河野が官僚の話をよく聞くようになったように。

先述の中曽根や渡辺らも、当選回数を重ねるたびに性格は温厚になり、部会では後輩議員の話に耳を傾けていたものです。そして部下の話があまりにもおかしいときや、あるいは意見を求められたときに、的確なアドバイスを送るのです。それができるのが、良い上司というものではないでしょうか。

やはり人は役割が変わると同時に、仕事のやり方も変えていかないといけないのです。

中国の時代小説『**三国志演義**』の一節に、こういう逸話があります。

「**男子、三日会わざれば刮目して見よ**」

かつて中国にあった呉という国の**呂蒙**は、勇猛果敢な武将でした。呂蒙は、諸葛孔明（めい）と並んで日本でも大人気の関羽（かんう）を討ち取った男としても知られています。ただし彼は無学だったために、若いころは周囲から少しあざ笑われるようなところがありました。それを見かねた国王が彼に勉学を勧めたところ、とてつもない勢いで吸収していき、あっという間に高名な儒学者たちも驚くほどの見識を持つ人間となった。そのような故事に由来します。

河野氏も入閣以来、**〝三日会わない〟うちに変貌を遂げた**と言っても、過言ではありません。

もし本書を読んでいるあなたにも豊かな才能が備わっているのであれば、自らの姿勢次第で、爆発的な成長を遂げることは不可能ではないはず。職場での立場や環境が変わったときこそ〝脱皮〟するチャンスなのだと覚えておき、実行に移しましょう。

気くばりの達人だからこそ、稲田朋美は信頼される

稲田朋美（いなだともみ）は若くして防衛大臣に就任しました。

しかし、就任約一年後の２０１７年7月、南スーダン国連平和維持活動（ＰＫＯ）の日報をめぐり、強烈な世間の逆風にさらされました。当初、日報は破棄したと発表していたにもかかわらず、電子データとして陸上自衛隊に保管されていたことが明らかになると、その責任をとり、就任からわずか一年足らずで辞任しました。

また、その前月、東京都議選の自民党候補の集会で演説した際に、「（候補者への投票を）防衛省、自衛隊としてもお願いしたい」と発言したことも、辞任の原因になりました。

稲田が議員になったのは２００５年なので、それほどキャリアが長いわけではありません。ただ、国家観や歴史観が近いことから、安倍総理が目にかけている議員の一人です。現在は幹事長代行を務めていますが、必ずまた入閣する人材です。なぜそう思うかといえば、稲田の行動には、人に好かれるヒントが隠されているのです。

近年、**稲田は必ず眼鏡と網タイツを着用しています**。これが地元・福井の鯖江産の眼鏡と、福井のメーカー・ソマルタの網タイツであることは有名な話です。稲田はお洒落をしたくて着用しているだけではありません。では、いったいどんな理由があるのか、それはもちろん地元にメッセージを送っているのです。**いつ、どこにいても地元のことを忘れていないというメッセージが込められているわけです。**

2017年の衆院選で、地元・横須賀のスカジャンを着ていた小泉進次郎も同様です。彼は抜群の人気と知名度を誇り、選挙も圧倒的に強い。そのため選挙期間中は地元でほとんど活動ができず、全国各地を飛び回って他の候補者の応援をします。そのときにスカジャンを着ていました。彼もまた、いつ、どこにいようとも、地元・横須賀を忘れていないというメッセージを送っていたのです。

両氏の行動は、地元の支援者に対する気くばりです。こういった気くばりを自然とできる人物だからこそ、ともに選挙で抜群の強さを発揮しているのでしょう。

大事な人にアピールする、それはどんな世界においても大切なことです。例えば営業マンなら、顧客を食事に招待することもあるでしょう。そのときに、顧客は何が好きで、何が嫌いなのかを調べておく。それだけでも相手は「自分のことを大切に思ってくれているのだな」と感じてくれるものです。

食事といえば、稲田がいかに気くばりできる人物かがよく分かるエピソードがあります。

彼女が政調会長に就任した直後、政調会の職員と親交を深めるために食事会を開いてくれました。このときの彼女の気くばりがすごかった。政調会の職員は約30人いるのですが、なんとベテラン職員と若手職員に分けて、**食事会を二度開催したのです**。ただでさえ超多忙な稲田が、なぜそんなことをするのだろうと恐縮していましたが、この食事会では親交を深めると同時に、**職員の正直な考えを聞きたかったのだと思います**。しかし、ベテラン職員の前で若手職員は遠慮して自分たちの思いなど語れるわけがなく、それでは職員と親交を深めることなどできません。だからベテランと若手を分けたのです。

やはり気くばりの名人であり、だから人から好かれるのです。

政治経済を動かす大物はみんな読書家だった

最近、電車に乗っていると、サラリーマンも学生もスマホでゲームばかりしています。もちろん、息抜きにゲームをするのは良いのかもしれません。しかし、会社や学校までの往復の時間をゲームに費やすのはもったいない。

政治家は遊説や視察で出張する機会が非常に多いのですが、移動の新幹線や飛行機では寝てばかりの議員もいれば、酒を飲んでいる議員もいる。その一方でずっと読書をしている議員もいます。政治は知識なくして全うできるものではありません。だからこそ、**大物になる議員の多くは読書をしています**。政界にかぎらず、私が出会ってきた経済界・実業界の大物たちも、ほとんどは驚くほどの読書家でした。

移動中にずっと読書をしている政治家として有名なのは、最近なら**石破茂**です。とにかく新幹線でも飛行機でも、分厚い本を広げて読みふけっています。石破の軍事・

安全保障に関する豊富な知識は、移動中に培っているといっても良いのかもしれません。

フランスの皇帝**ナポレオン・ボナパルト**は**「読書家の一族は、世界を動かす者たちだ」**と公言し、彼もまた、本をよく読み、行軍中も読書を欠かさなかったという逸話が残っています。

私は約2年にわたって宏池会で事務局員として働いていました。自民党の職員になる前の話です。当時、宏池会の領袖は**大平正芳**（おおひらまさよし）で、その他にも**鈴木善幸**（すずきぜんこう）や**谷垣専一**（たにがきせんいち）ら、錚々たる議員が所属していました。宏池会は政策通が集まっていると評判の派閥で、当時も知識人ばかりでした。そして彼らに共通していたのは、誰もが読書家だったこと。デスクにはいつも読み終えた書籍が山積みされていました。

また、のちに政調会で国防部会を担当するようになると、**舛添要一**（ますぞえよういち）や**中谷元**（なかたにげん）らと何度も海外視察に出かけましたが、彼らは**イラクのような場所にすら本を持ってきて、移動中や就寝前に読書をしていました。**さすがにそのときばかりは、勉強熱心にも程があるだろうと苦笑してしまいましたが……。

常に勉強熱心で哲人宰相といわれた大平を間近で見ていた私は、やはりゲームをする暇があったら読書をすべきではないかと考えてしまいます。なぜなら読書をしないで出世した人を見たことがないからです。

仮に往復で1時間、電車に乗っているとして、その時間に読書をすれば、毎日1時間分の知識を蓄えられる。これが1か月、1年と続けば、ゲームばかりしている人との知識の差は膨大なものになります。その知識はどんな仕事においても、必ず役に立つはずなのです。

ちなみに、ナポレオンはまだ頭角を現す前の「極貧薄給」のころから、**食べ物を我慢してでも本を買ったといいます**。やはり多くの本を読み、知識を蓄える。これが周りの人と差をつける第一歩なのではないでしょうか。

どうして「ヒゲの隊長」はメディア露出が多いのか

仕事でプロジェクトが成功したり、昇進して役職についたりして、つい調子づいてしまうこともあるかもしれません。そんなときには**「実るほど頭を垂れる稲穂かな」**という格言を思い出してください。

稲は成長すると実をつけます。するとその重みで実の部分が垂れ下がる。これを人の頭に例えて、立派になった人、偉くなった人ほど謙虚であるべきだという意味のことわざです。作者は不明ですが、昔からこのことわざを座右の銘や教訓にしている人も多い。松下電器産業（現パナソニック）の創業者で、「経営の神様」といわれた松下幸之助もその一人で、生前、この言葉を信条としていたそうです。

このことわざのように、当選を重ねても低頭平身を実践している政治家は、やはり選挙に強いものです。

逆に当選すると、偉そうになってしまう人も少なくありません。例えば**田中眞紀子**です。1993年の衆院選で初当選を果たした田中は、抜群の人気を誇った田中角栄元総理の長女ということもあり、メディアへの出演や講演会の依頼が殺到していました。遊説に出かけると、いつも多くの有権者が集まりました。まさに現在の小泉進次郎のような存在だったのです。

しかし、小泉内閣で外務大臣を務めるも、官僚との対立を理由に大臣を解任され、直後には秘書の給与を私的に流用していたことが発覚。結局は議員辞職に追い込まれました。その後復帰して、民主党に移籍するも、もうかつてのような人気はなく、2012年の衆院選では落選してしまいました。

田中は自民党にいるときから秘書を怒鳴り散らし、人の批判・悪口を言う人物でした。また、選挙区ではあまり陳情を受け付けなかったといいます。だから有権者の心は離れていったのです。人に対する態度は、決してほめられたものではありませんでした。

また、政界では大臣になったら次の選挙で落選する傾向があります。文部大臣を務めた小杉隆（こすぎたかし）や島村宜伸（しまむらよしのぶ）が落選しました。大臣になると地元に帰らなくなる、それが大きな理由です。有権者からすると、「昔はよく挨拶回りに来ていたのに、大臣になったらまったく来なくなった」と不満に思う。そうして次の選挙では投票しなくなるのです。

大成する人は偉くなればなるほど頭を垂れるもの。「俺は政治家だ」と偉そうにしている人は、だいたい大成しないのです。

その点、ヒゲの隊長こと佐藤正久（さとうまさひさ）は違います。**佐藤は当選を重ねるたびに、どんどん腰が低くなっています。**党本部内で顔を合わせると、いつも佐藤から寄ってきて、挨拶をしてくれます。それは私に対してだけでなく、党内の議員、職員、そして自身の秘書に対しても、非常に丁寧に接しています。裏表がないといって良いでしょう。

上司に媚びへつらい、部下に偉そうにする人は、組織において最も嫌われるもの。やはり誰に対しても裏表なく接する、それは組織で出世していくためにも必要なことだと思います。

「立ち向かう勇気」は結果的に味方を増やす

また、佐藤が党内で人気を集めている理由はほかにもあります。**やるときはやる、立ち上がるときは立ち上がる、そんな人物だから人気なのです。**

2015年、安倍政権は平和安全法制の成立を目指して、国会で議論を進めていました。議論とはいっても、野党の多くは「戦争ができる国になる」「徴兵制が始まる」などと訴え、多くのメディアもそんな野党に加担して、デタラメな報道を続けました。そんなメディア報道に騙されてしまった主婦や若者が国会前に集まり、安倍総理に抗議の声を挙げたことは記憶に新しいでしょう。

そんなときに佐藤は元自衛官として、最前線で活躍したのです。自民党には官僚上がりや地方公務員上がりなど、様々な経歴を持つ議員がいますが、軍事のことをよく分かっている自衛隊出身の議員は、佐藤を除けば中谷元、宇都隆史、中谷真一の3人しかいません。だからこそ、佐藤は「私が立ち上がるしかない」と考えたのでしょう。まさに法律の成立を目指す安倍内閣に気をくばり、ほかの党内の議員にも気をくばったわけです。

そんな佐藤は、党が製作したアニメ動画「教えて！ヒゲの隊長」で声優を務めて、平和安全法制を解説しました。また、インターネット番組に出演したり、『高校生にも読んでほしい安全保障の授業』（ワニブックス）を出版したりするなど、元自衛官の立場から、様々な方法で平和安全法制の必要性を訴えました。同時に野党の主張がいかにデタラメなものであるかも説いていったのです。

それから佐藤はテレビ朝日の情報番組『モーニングバード』にも出演しました。番組は平和安全法制に否定的なスタンスで、コメンテーターも「他国の戦争に巻き込まれる」「徴兵制が始まるのではないか」と危惧する声を上げていました。しかし、佐藤は一つひとつ丁寧に否定し、解説していきました。

ただ、偏向的な番組の姿勢やコメンテーターには腹が立ったようで、出演直後には自身のツイッターで以下のように呟いていました。

〈【テレビ朝日モーニングバード、報道番組ではなく討論ワイドショーみたいでした】玉川さんは社員？　評論家？　不明だが、徴兵制に前向きなのか、徴兵制にかなり拘っていた。憲法上も無理だし実際に自衛隊の現場にいた私が必要性ないと言っているのに。テレビ朝日は徴兵制に前向きなのか？　疑問を感じた〉

低レベルで、反対ありきの報道姿勢に対して憤りを感じたのだろうと思います。ただ、佐藤は野党やメディアの批判を受けて立ったのです。こうした佐藤の行動を見て、党内で評価が上がったことはいうまでもありません。

もちろん、佐藤は評価を得るためにやったわけではなく、政治家としての信念、そして平和安全法制が必要だと考えていたからこそ、果敢に立ち向かったわけですが、**大切なときに逃げないというのは、周りからの信頼を勝ち取るために必要なことです。**そしてその信頼こそが、周囲からの高い評価につながるのではないでしょうか。

もしあなたがビジネスパーソンだったら、職場で嫌なプロジェクトを任されることがあるかもしれない。あるいは嫌な顧客の担当を押し付けられることがあるかもしれない。そんな苦境に立たされても、逃げるのではなく、まずは佐藤のように向き合ってもらいたい。そうした姿勢があなたを成長させるし、あなたの評価を上げるのです。

気くばりと「品」で信頼を集める山口那津男

自民党の所属議員ではありませんが、連立を組む公明党の代表、山口那津男（やまぐちなつお）についても語りたいと思います。なぜなら山口は、現役議員のなかで**三本の指に入るほど防衛法制を理解している**有能な政治家だからです。

公明党はいま国政では自民党、東京都議会では都民ファーストの会、大阪では大阪維新の会と協力関係にあります。一党と連立を組むだけでも大変なのに、三党ともなると非常に難しい舵取りを迫られることになります。

しかし、公明党は各党と良い信頼関係を築いているといえましょう。それもこれも、代表の山口の人柄によるものです。山口でなければ不可能だと思います。

山口は権謀術数を駆使して、各党の議員との関係を構築しているわけではありません。誰に対しても誠実な対応をすることで、良い関係を築いているのです。だから他党の議員、そして私のような職員も公明党を信頼するわけです。

自民党はかつて日本社会党と新党さきがけと手を組んだことがあります。この自社さ連立政権誕生の立役者は、当時、党内で有力だった**亀井静香**です。亀井は考えがまったく逆の社会党を尊重しながら、政策協定を作っていき合意を果たしたのです。

また、いざ連立を組むと、今度は自民党政調会長の**加藤紘一**、社会党の政策審議会長の**関山信之**、新党さきがけ政策調査会長の**菅直人**の三人が何度も話し合い、政策決定システムを整備しました。三人が揃う会議には、私も政調職員として必ず同席しました。

三人は自分たちの主張すべき点は主張しつつ、他の二党に気をくばり調整していったのです。

そしてこれは現在、自民党と連立を組む山口も同じ。やはり自分たちの主張をしつつも、必ず自民党に配慮しているのです。これは政界に限らず、仕事仲間と良い関係を保つ秘訣でしょう。相手の意見をよく聞き、その意見を尊重するのです。自分が主張ばかりして、それを押し通すようなことをしていては、仕事が前に進むことなどないし、良い関係を築くことも不可能なのです。**連立で大切なのはイデオロギーではなく、人間性や気くばりといえましょう。**

それから山口の魅力は、その語り方です。普段は口調が非常にソフトで、公明党の支持母体である創価学会の婦人部からも抜群の人気があるといいます。

山口の**「上品さ」**はまさに別格で、近くで接すると誰もが彼のファンになってしまう魅力があります。上品の「品」という漢字は、「口」3つで成り立っていますが、山口を見ているとそれもうなずけます。寡黙ではないが、無駄口もたたかない。大切なメッセージは「三口」も喋れば十分相手に伝わるものです。逆に、しゃべりすぎる人は「品」が無い、とも言われてしまいます。

なお、**「品格」**ある人物とは他人が評価するものだと私は思っています。なぜならば、この場合の「品」とは、「多くの人の口」という意味だからです。

一方で山口は、演説となると非常に熱い語り口になる。また、野党時代に民主党政権を舌鋒鋭く追及するときもまた、時に声を荒げながら語っていたものです。このギャップが人気の秘密なのではないでしょうか。

会社で部下を従えている人も、普段はソフトな口調で、さらに物腰柔らかく接する。ただ、大事な会議や商談のときには熱く語る。すると必ず周りは惹きつけられるはずです。TPOや相手を考慮して話し方、そして表現方法を変える。これも仕事をうまくやる秘訣なのではないかと思います。

第3章
ニュースの意味がわかる！政党の仕組みと政治のキーワード

「自民党の政調会が〜」「与野党の国会対策委員長が〜」などなど、政治のニュースには専門用語を知っていないと状況を理解できないものが時々あります。そこで本章では、ニュースにまつわる政党の仕組みを説明します。これを知っておけば、国会でいま何が起きているのかがバッチリわかるでしょう。

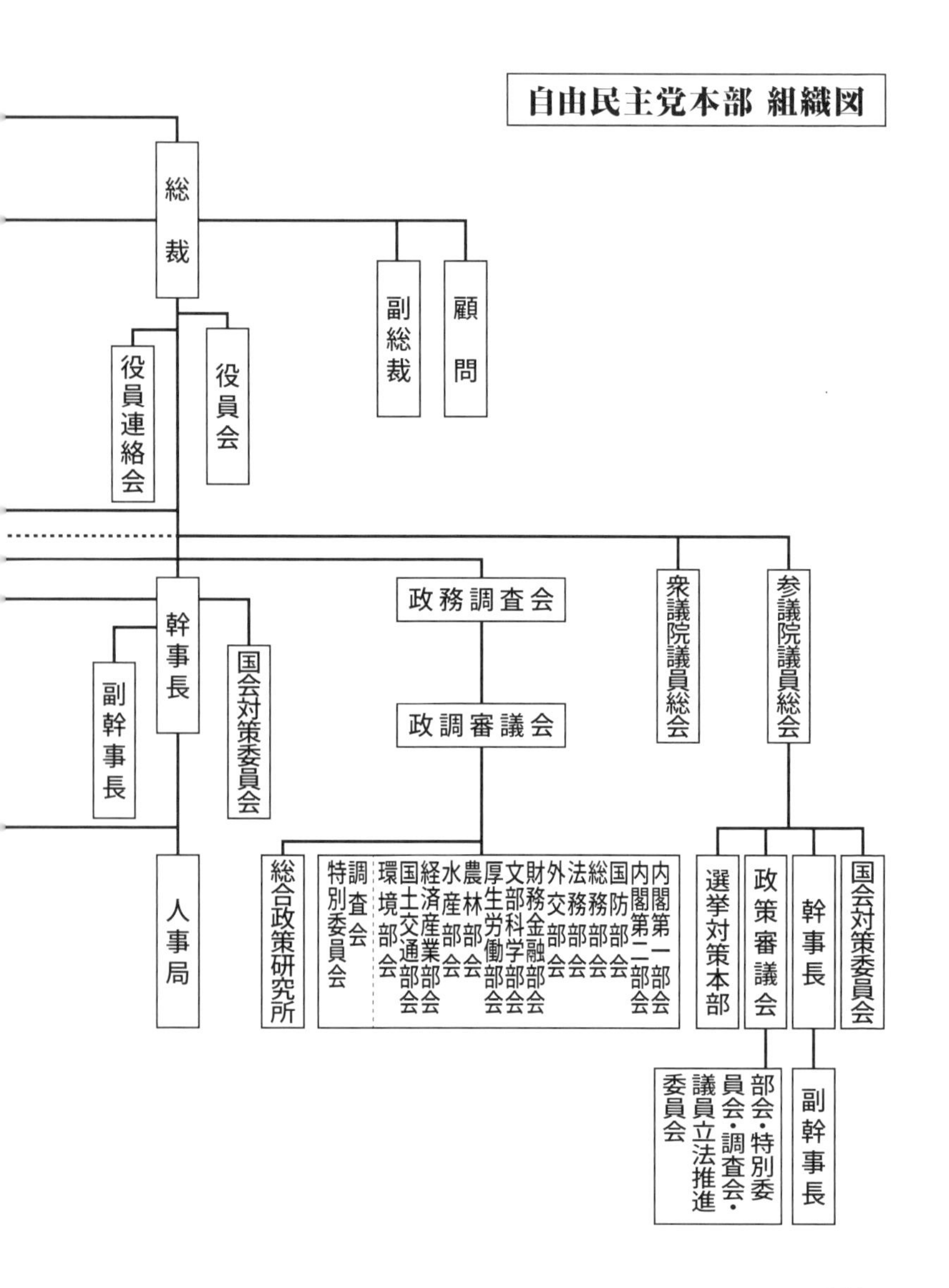
自由民主党本部 組織図
総裁
副総裁
顧問
役員連絡会
役員会
幹事長
副幹事長
国会対策委員会
人事局
政務調査会
政調審議会
総合政策研究所
内閣第一部会
内閣第二部会
国防部会
総務部会
法務部会
外交部会
財務金融部会
文部科学部会
厚生労働部会
農林部会
水産部会
経済産業部会
国土交通部会
環境部会
調査会
特別委員会
衆議院議員総会
参議院議員総会
選挙対策本部
政策審議会
幹事長
国会対策委員会
部会・特別委員会・調査会・議員立法推進委員会
副幹事長

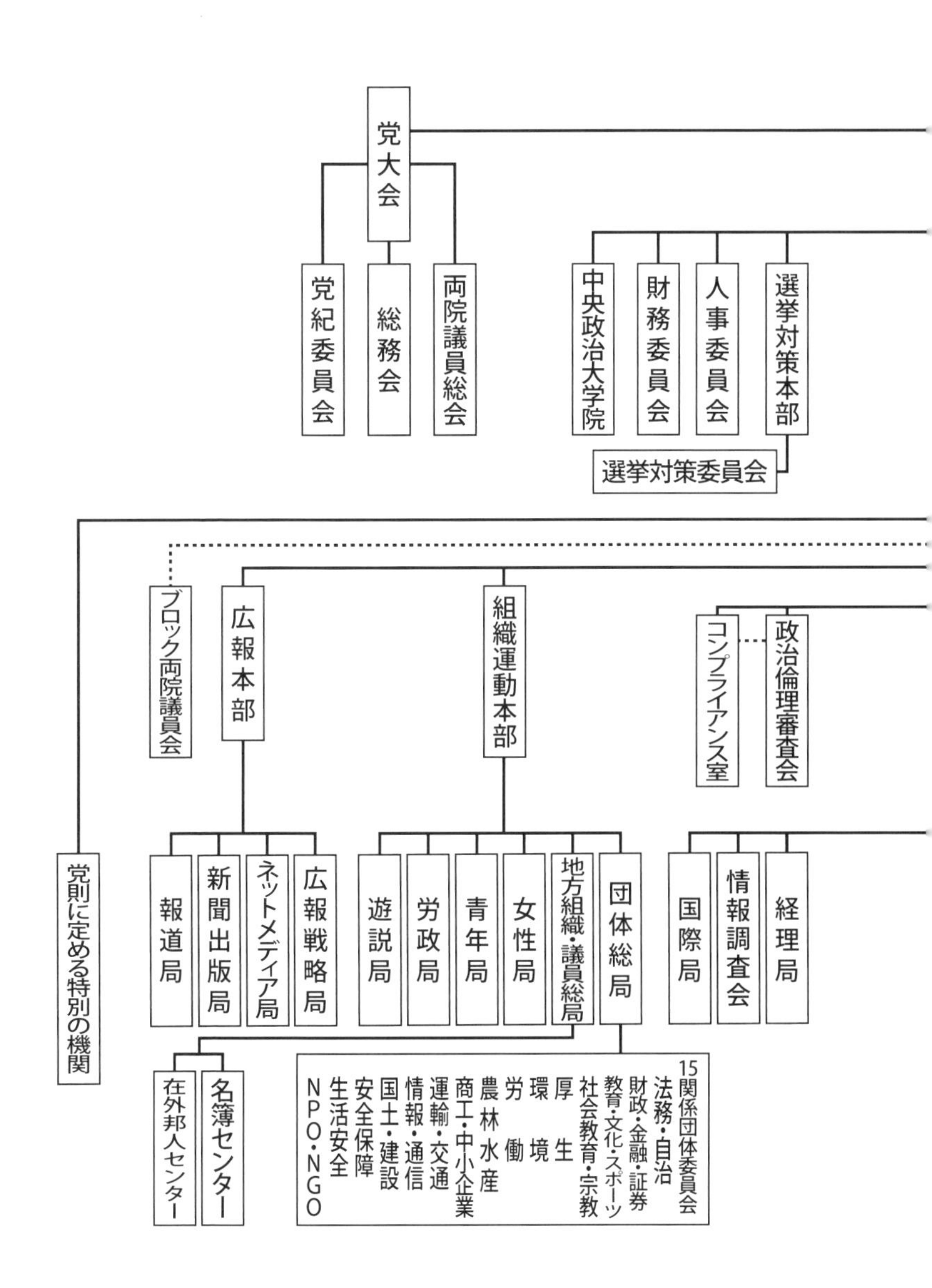
党大会
党紀委員会
総務会
両院議員総会
中央政治大学院
財務委員会
人事委員会
選挙対策本部
選挙対策委員会
党則に定める特別の機関
ブロック両院議員会
広報本部
組織運動本部
コンプライアンス室
政治倫理審査会
報道局
新聞出版局
ネットメディア局
広報戦略局
遊説局
労政局
青年局
女性局
地方組織・議員総局
団体総局
国際局
情報調査会
経理局
在外邦人センター
名簿センター
15関係団体委員会
法務・自治
財政・金融・証券
教育・文化・スポーツ
社会教育・宗教
厚　生
環　境
労　働
農林水産
商工・中小企業
運輸・交通
情報・通信
国土・建設
安全保障
生活安全
NPO・NGO

政調会長と部会

「悪口」にあらわれる橋本龍太郎の美徳

本章では自民党をベースにした**「政党の仕組み」**と、政治家はそこでどんな働きをしているのかを説明します。

よくテレビや新聞の報道で「政調会長の○○が意見をまとめた」とか「与野党の国対委員長が協議した」といった言葉を聞くと思いますが、政調会長や国対委員長という人たちがどんなことをしているのか、正確に答えられる人は多くありません。

そこで本章では、大物政治家の「気くばり」のエピソードに合わせて、政界のキーワードをいくつか解説していきます。ニュースの意味が具体的にわかるようになれば、社会人としての自信にもなりますので、この機会に覚えてみてください。

自民党の組織図については前ページの図も参考にしてみてください。

また、登場する人物には昭和の古い政治家の話もありますが、何の功績も残せずに永田町を去っていく政治家が多いなか、なぜ彼らは大物になれたのか、その理由を知ることは、いまを生きるビジネスパーソンにも役立つはずです。

私は40年以上にわたって自民党の職員として仕事をしてきました。アルバイトとして入党した当時の総裁は**福田赳夫**（ふくだたけお）です。それから現在の**安倍晋三**に至るまで**17名が総裁を務めました**。その間、政策を考案、成立させるために、多くの政治家とやりとりしたものです。

彼らは政治家として有権者の心を掴んで当選を重ねる。そして政界で存在感を示し、総裁・総理となり多くの政策を実現させました。そんな彼らから学ぶべきことはたくさんあります。もちろん、政治の世界だけでなく、ビジネスの世界でも通用するスキルが詰まっています。

まずは**橋本龍太郎**です。儒教の根幹的な言葉である**「修己治人」**（しゅうこちじん）が最も当てはまるのが橋本だと思います。己（おのれ）を修（おさ）めて、人（ひと）を治（おさ）める。つまり、**自分を厳しく律することができる人間こそが、人の上に立つべき人物である**ということです。私にとっては、仕事をとおして最も濃密な時間を過ごした政治家のひとりです。

1993年7月、第40回衆議院議員選挙の直前、自民党では離党者が続出していました。そんな状況下で迎えた衆院選で、自民党は獲得議席が過半数に届かなかったものの、比較第一党となった。完全に逆風のなかで行われた選挙でしたが、野党転落という最悪の結果を防げたことに安堵したことを覚えています。

しかし、自民党を離党して新生党を立ち上げた小沢一郎、羽田孜らが主導するかたちで、自民党と共産党を除く八党派が手を結ぶことが決まった。そうして八月に細川(ほそかわ)護熙(もりひろ)連立内閣が誕生、同時に自民党は結党以来、初めて下野したのです。

衆院選が行われる前から政調会長室長に就任することが決まっていた私は、「誰が政調会長になるのだろうか」と呑気に考えていました。鹿野道彦(かのみちひこ)か野田毅(のだたけし)になるのではないかと噂されていました。しかし、蓋を開けてみたら橋本だった。本来、橋本は幹事長になる予定だったそうですが、自民党の下野が決まり、政調会長を希望したといいます。

与党だったら、総裁は総理として官邸にいることになる。だから幹事長が党を執り仕切ります。ところが野党となると、総裁が党を仕切り、幹事長はそのサポートに回ることになる。橋本はそれが嫌で政調会長を望んだのです。

ここで**政調会長**や**部会**について詳しく解説しましょう。

政調会長は**政務調査会**（**政調会**）を率いるポストです。

国会議員の最も大切な仕事は「立法」、法律をつくって政策を決めることです。そして、議院内閣制の日本では、政府の法律案や予算案など重要な政策は、国会で審議する前に、与党の事前承認が必要になります。下野した一時期を除けば、自民党は結党以来長きにわたって政権を担ってきたため、これまで数えきれないほどの政策を実現させてきました。そして自民党の政策決定には、政調会が大きな役割を果たしています。だから政調会長は**「閣僚の3人分」といわれるほど、党内で大きな権限を持っています。**

政調会には、政策の調査研究や立案のために、国防部会や法務部会、あるいは外交部会など14の**「部会」**を設け、それぞれの部会で政策案を審議して政策案を決めます。この部会という存在は、**自民党が長年をかけて培ってきた独自のストロングポイント**と言えます。

部会はたいてい朝8時に始まり、若手もベテランも膝を突き合わせ、侃々諤々と政策について自由に議論します。部会でさまざまな角度から意見を闘わせることで、自民党の議員達は各分野の専門性をきっちりと偏りなく身につけていくのです。私たち職員は彼らの政策決定をサポートするのが仕事なので、逆に教わる立場にならないように、よりたくさん勉強をするよう心掛けています。

法律案などは政務調査会の部会で了承され、政調審議会での審議を経て、次に総務会で了承されれば党議決定となります。その後は国会に提出され、衆参両院で審議されるという仕組みです。

国家を左右する政策を立案、成立させるうえで、非常に重要な役割を担っている、それが政調会長というわけです。過去には**安倍晋太郎**や**渡辺美智雄**ら大物政治家のほか、のちに総理を務める**麻生太郎**なども務めました。現在は、**岸田文雄**が務めています。岸田は長らく外務大臣などの閣僚を歴任した政策通であり、宏池会という派閥のトップも務める人望の厚い人物です。

さて、話を戻しましょう。政調会長に就任した橋本には、大変な仕事が待ち受けていました。離党を希望する議員を引き留めるという仕事です。下野が決まったことで、多くの所属議員が自民党を離れようとしたわけです。

政調会長室に離党を希望する人が来るたびに、橋本は必死になって引き留めました。しかしそんな苦境にあっても、橋本は一切文句や悪口をいいませんでした。**議員が悪い、有権者が悪い、メディアが悪い、社会が悪いなどと文句をいっている姿を、私は一度も見たことがありません。**愚痴をいいたいときもあったと思います。しかし、そんな気持ちを押し殺して、政権奪還のために耐えていたのです。当時、四六時中、橋本と一緒に過ごしていた私の経験から間違いありません。

これは自民党の歴代総理・総裁に共通していることです。自民党は常にマスコミから批判を浴びてきました。また、そういった報道に感化される有権者も少なくありません。しかし、**意外だと思われるかもしれませんが、「マスコミが悪い」といった総理・総裁はあまりいません。**政権運営がうまくいかなくても、マスコミのせいにはしない。偏向報道を目の当たりにしても、ジッと耐えていたのです。例外的に、佐藤栄作（さとうえいさく）が総理退任会見のときに、「新聞記者は出ていけ」と記者たちを前に直接批判しました。

「世界最古」のブランド戦略は大阪にあり

２００９年の政権交代のときにも、所属議員の数は減りました。しかし、あのときは党内に結束力がありました。長年、政権にいたことで驕りがあったかもしれませんが、間違ったことをやっているつもりはなかった。だから反省すべきところは反省して、野党としての役割を全うすれば、必ず民主党から政権を奪還できるとみんな考えていました。そして3年3か月でそれを実現させたのです。

ところが、民主党は違ったようです。２０１２年の解散総選挙で自民党に敗れて、再び野党に転落しました。そこで我慢していれば良いのに、「それは俺たちが悪いのではない。党名が悪いのだ」と思ったのか、党名を民進党に変えてしまいました。２０１６年の台湾総統選では蔡英文（さいえいぶん）候補が勝利しました。そこで蔡総統が所属する民進党（民主進歩党）にあやかったのかもしれません。しかし、党名を変えても人気は上がりませんでした。同年の東京都知事選で勝利した小池百合子が翌年結党した新党・

希望の党に人気が集まると、所属議員の多くがそれに抱きついてしまった。その結果が現在です。

いま、旧民主党勢は立憲民主党と国民民主党に分かれました。しかし、国民民主党はまったくといって良いほど存在感がない。支持率は1%にも満たないでしょう。それもこれも自分たちが悪いのです。給料やボーナスが上がらないのを会社のせいにする人がいます。しかし、成績が悪いのは、さまざまな要因が絡んでいます。すべて会社のせいにすべきではないのです。

党名もブランド名も商品名も会社名も、名前を定着させるのは大事です。ブランドイメージです。

日本は世界一の老舗企業大国だといいます。2008年に韓国銀行がまとめた報告書によれば、その時点で創業から200年以上経つ企業が世界には5586社あり、なんとそのうち3146社が日本企業なのだそうです。これは世界全体の56%に当たります。2位のドイツは837社。つまり日本が他国を圧倒しています。

世界最古の企業もやはり日本にあり、大阪市に本社を構える寺社建築会社の**金剛組**(こんごうぐみ)です。578年創業なので、1400年以上の歴史を持っているのです。金剛組という社名は、カタカナの社名が溢れる現代では、ひょっとしたら古臭く感じるかもしれません。しかし、同社は老舗企業として、金剛重光（こんごうしげみつ）が作ったこの会社と、金剛組という社名を守り続けている。つまりブランドイメージを大切にしているのです。名前を変えれば良いというものではありません。政治家なら自分の名前と所属する党の名前、ビジネスパーソンなら自分の名前と勤務する会社の名前に誇りを持ってもらいたいものです。

幹事長

知られざる森喜朗の自らに厳しい気性

自民党で自分に厳しい人物といえば、**森喜朗**（もりよしろう）です。森は政界を引退したいまも大きな存在感を示しています。それは東京オリンピック・パラリンピック競技大会組織委員会会長を務めていることからもわかります。

世間の持っているイメージは悪いかもしれませんが、それは大きな誤解です。森は自分をよく見せたり、建前で取り繕ったりしない真っすぐな性格であるがために、メディアの格好の標的になってきただけなのです。

森は現職の議員だったときに、二度にわたって**幹事長**を務めています。歴代幹事長を見ると、佐藤栄作や大平正芳、小渕恵三や安倍晋三ら、のちの総理を務めることになる人物が名を連ねています。また、森と同様に二度も幹事長を務めたのは、三木武夫（みきたけお）や福田赳夫、そして田中角栄といった昭和の大物ばかり。**平成以降となると森だけ**

です。いかに森が党内で高い評価を受けていたか、よくわかります。

せっかくなので、自民党総裁に次いで、党内ナンバーツーとして大きな役割を担っている**幹事長**についても解説しましょう。

幹事長は総裁を補佐すると同時に、党務を執行する存在です。自民党が与党として政権を担っているときは、総裁は総理大臣として国政に当たります。そのため、基本的には官邸にいるため、党本部に来ることは滅多にありません。

では、総裁の代わりに誰が党務を仕切るかといえば幹事長です。また、選挙時の資金管理や党内の問題解決にも当たります。つまり、**幹事長は総裁のいない党内で最も大きな権限を有しているといえましょう。**

なぜ森は幹事長を二度も務め、現在も東京オリンピック・パラリンピック競技大会組織委員会会長という大役を務めているのか。それは自分にとても厳しい森の人間性を理解している人がいるからです。

最初に森の厳しさを感じたのは、私が事務方として北信越ブロック議員会議に出席するようになってからです。森はすでに大物として党内で大きな存在感を示していたにもかかわらず、**誰よりも早く会議室にやってきてみんなを待っていました。**また、

必ず最後まで会議に参加していました。だから遅れてくる人がいると、厳しく咎（とが）めていたものです。

それから印象に残っているのは、言いたいことだけいって途中退室する人に厳しかったこと。議員は多忙です。そのため会議に最初から最後まで出席せずに、発言してアピールすると、すぐに退席する議員が少なくないのです。しかし、森はそのような行動を許しませんでした。忙しいのは皆同じだと考えていたのでしょう。だから「きみね、言いたいことだけ言って退席するのは自分勝手ではないか。だったら最初から発言なんてするな！」と怒鳴りつけていました。このように人に対して厳しい人物だから、森を悪くいう人も少なくありません。なかには反発する若手議員もいました。

しかし、そんな人はだいたい自分に甘い人ばかりで、最終的には選挙に敗れ、永田町を去っていくことになります。そんな森だから文部大臣や通商産業大臣などを歴任して、党三役をすべて務めて、総理にまで上り詰めることができたのでしょう。

森が総理時代にマスコミから叩かれたのは、やはりマスコミにも厳しさが伝わったからではないでしょうか。**森は自分にも他人にも厳しい人間です**。だから時にその厳しさが、記者たちに伝わってしまったのかもしれません。

委員会

大仕事の成否は「キーパーソンの決め方」が命

２００４年12月、小泉純一郎総裁率いる自民党は、新憲法草案の作成に向けて、新憲法制定推進本部を設置。翌年一月には、新憲法起草委員会が発足し、森喜朗が委員長に就任しました。

同委員会には10の小委員会が設けられました。私は事務方として、「天皇に関する小委員会」と「安全保障および非常事態に関する小委員会」を担当。加えて起草委員会全般の進行を管理することになりました。

政党が主催する「委員会」には定期的に開かれる常設のものと、緊急性が高くて不定期に開かれるものと、主にふたつがあります。いずれも有識者や関係者を集めて党として今後の方針を協議・制定していきます。

１７５ページで紹介した「部会」が農水部会、外交部会、国防部会などと各省庁に関係するのと比べて、「委員会」は〝コロナ対策〟や〝ＤＶ関連法案〟のような省庁を横断するテーマや、中長期性、緊張性の高いテーマを扱います。

安全保障および非常事態に関する小委員会では、**福田康夫**が委員長を務めました。ちなみに委員長代理は舛添要一、委員は衆議院から石破茂、岩屋毅、大村秀章、加藤紘一、瓦力、玉澤徳一郎、中谷元、中山太郎、額賀福志郎、野田毅、参議院から荒井正吾、岡田直樹、世耕弘成、武見敬三らが務めました。

この人選を行ったのは森ですが、なぜ委員長に福田を任命したのか、当時事情を知らない人は違和感を覚えたそうです。というのも、福田はどちらかというとおとなしいタイプの人間だから。本来なら、改憲を強く訴えていた議員を任命しても良さそうなものです。しかし、森には明確な意図がありました。

安全保障および非常事態に関する小委員会は、憲法九条を議論することもあり、最も注目を浴びる小委員会でした。内閣官房長官を務めた福田は**常に冷静な人物です。**どれほど感情的になって荒れた議論であっても、たしかな客観性を保ち続けられるのです。しかも、党内ではリベラル色が強く、調整型の議員といえます。だから憲法改正への風当たりを弱めることもできるのではないか、森はそう考えたのです。

そして森の目論見どおり、小委員会は議論を重ねて、**最終的に極めてバランスのとれた憲法草案を作ることができました**。要は野党の賛同を得られそうな内容になったのです。もちろん、一部の左派メディアからの批判はありました。しかし、一定の評価を得ることができました。もし、委員長が福田、委員長代理が舛添でなかったら、草案はもっと強気な内容となり、野党やメディアから大きな批判を受けたことでしょう。

こうした森の判断は、ビジネスでも役立つのではないでしょうか。一見、適材と思える人選でも、時には反発を受ける可能性がある。自分がやりたいことを全うするために、強引に進めていると、必ず大きな反発を受けることになるのです。だから自分と対立する人も納得できる、あるいは反発できなくなるように仕事を進める。これは組織で何かを実現させるときに、非常にうまいやり方なのではないかと思います。

強い組織「ワンチーム」を作り上げる感動的なマネージメント術

さて、福田についても語りましょう。

国防部会に所属していたときに、議員外交に同行する機会が多くありました。最も多く行ったのはアメリカでしょうか。ワシントンDCの国防総省（ペンタゴン）や国務省、上下両院議員の事務所、あるいは各種シンクタンクなどに行きました。国防や安全保障をテーマに、アメリカの議員や識者と議論するのが目的です。

ともに渡米したのは、伊藤宗一郎、池田行彦、中山利生、瓦力、久間章生、額賀福志郎、石破茂ら錚々たる議員ですが、最も印象に残っているのは、のちに総理大臣になる**福田康夫**です。

福田はとにかく真面目で実直、そんなイメージを持っている人も多いのではないでしょうか。**まさにそのイメージどおりの人物です。**

あるとき、議員外交の席で福田の気くばりに感動したことがあります。
それはペンタゴンで会議したときのこと。福田は英語が話せます。しかし、会議ではアメリカ人を相手に終始通訳を介して議論していたのです。英語が話せる議員は多くいます。なかにはフランス語やドイツ語を話せる議員もいます。そしてそんな議員の大半は、通訳を介さずに、相手国の議員や職員と話をするわけです。だから福田の姿を見て、なぜ英語で話さないのだろうと不思議に思いました。

しかし、すぐにその理由に気が付きました。日本語しか話せない議員が同席していましたから。

当時はオールジャパンとも呼べる才気あふれる議員団で臨んでいましたから、自分たちの見識を磨くためにも、「ワンチーム」ともいうべき議員同士の連帯感が必須でした。

しかし、もしそこで福田が英語で話していたら、その議員はどんな気持ちになるでしょうか。何を議論しているのかさっぱり分かりません。

ひょっとしたら「語学力をひけらかしやがって」と不快に思う可能性もあるでしょう。議員とはいえ人間ですから、偏屈（へんくつ）な気持ちになることもあります。

それに、日本語で話すことで、チームとしての共通理解が強固なものになります。英語で不正確なニュアンスを共有するよりも、チームの結束を重視したわけです。通訳を入れると、話すときと聞くときに一度ずつ訳しますから、通常の2倍時間がかかります。裏返せば、議論に使える時間が半分になってしまう。けれど、そのデメリットを考慮したとしても、その分、考える時間が増えるし、**正確に意思統一して強力なワンチームになれるメリットのほうが大きい**と考えたわけです。だからこそ福田はペンタゴンでアメリカ人を相手に、わざわざ通訳を介して話したのです。

福田は真面目で実直な人間です。ひょっとしたらユーモアに欠けるかもしれません。また、田中角栄のようなカリスマ性もなければ、小泉純一郎のような華もない。それでも福田が総理まで上り詰めた理由の一つは、**自分という個を犠牲にしてもチームの利益を優先できる冷静さ**をもっていたからなのです。

総務会長と党三役

なぜ鈴木善幸はいつも事務所にいたのか

読者のなかには、組織で部下を従えている人もいるかもしれません。そんな人にお話ししたいのは、第70代内閣総理大臣の鈴木善幸（すずきぜんこう）のこと。鈴木がいかに同僚や部下たちの心を掴んでいったかをお話ししましょう。

私が宏池会の事務局員として働き始めた1975年、鈴木は宏池会の副会長を務めていました。朝、私が事務所に出勤すると、まもなく鈴木がやってくる。国会がないときは、ブスッとした顔をして一日中自分の席に座って書類や資料に目を通していました。そんな鈴木の姿を見て、何も知らない私は「暇なのだろうか」と感じたほどです。しかし、事務所内で鈴木を観察しているうちに、次第にその理由が分かりました。

まず鈴木は私が知る限りで、最も選挙に強かった政治家の一人です。その理由はなぜなのか。政治家として漁業の発展に取り組み成果を挙げて、選挙区・岩手の有権者の心を掴んだのが大きな理由でしょう。そのため鈴木は次の選挙に備えて、自分の選挙区で有権者に挨拶回りをする必要がなかった。そして重要なのが、官僚からの相談や所属議員のスキャンダルなど、永田町では常に重要案件が飛び込んでくるということです。**鈴木はそんな案件に真っ先に対応するために、いつも事務所のデスクで待機していたのです。**そうすることで、所属議員や職員、官僚から絶大な支持を集めることになります。

こうした鈴木の行動は、ビジネスパーソンも応用できるのではないでしょうか。部下は、いざというときに頼りになる上司を慕うものです。だからこそ、ある程度のポストに就いたら、自分が現場に足を運ぶのでなく部下に任せる。自分は不測の事態に対応できるよう、オフィスにいるようにするのです。また、上司がいると、オフィスには緊張感が走るもの。宏池会もそうでした。もちろん、緊張させすぎるのは逆効果ですが……。

座っているときは部下をよく観察してください。そして困っている部下がいたら、すぐに声をかける。あるいは部下が良い仕事をしたときは褒めてあげるのです。

鈴木も所属議員や事務局員のことをよく観察していたし、時には助言をすることもありました。

宏池会で働き始めたばかりのころ、私に与えられた仕事は電話番だけでした。さすがにそれでは暇なので、私は出勤すると読書ばかりしていました。当時は多くの本を読みましたが、そのなかの一冊が、伊藤昌哉（いとうまさや）の著書『池田勇人（いけだはやと）　その生と死』（至誠堂）でした。伊藤は西日本新聞社の元記者で、その後、池田勇人の秘書を務めた人物です。そして伊藤もまた、秘書になったばかりのころは暇を持て余していたそうで、同書で以下のように振り返っていたのです。

〈私があまりに手持ちぶさたにしているのを見てか、池田は私に、新聞の切り抜きをすることと、記事の要旨をまとめることを命じた。はじめて仕事らしい仕事にありついたので、私はさっそく、その日からとりかかった〉

暇を持て余していたという点にシンパシーを感じた私は、新聞の切り抜きをするのは良いアイデアだと思い、すぐに木村貢（きむらみつぎ）事務局長にお願いしてスクラップブックを買ってもらいました。そして翌日から新聞各紙に目を通し、自民党に関する記事、宏池会に所属する議員に関する記事、そして個人的に気になった記事をハサミで切り抜いて、スクラップブックに貼っていきました。

もちろん、そのスクラップブックが役に立つことなどありませんでした。ただ一度だけ、自民党の総裁選公選規定の改正に取り組んでいた鈴木から、「新聞でどう報道されているかね？」と聞かれたことがありました。すぐに関連記事を提示すると、鈴木はとても喜んでくれました。そのとき感じたのは、無駄だと思えることでもコツコツとやっていれば、必ず役立つのだということ。また、いまになって振り返ってみると、鈴木は私がスクラップブックに記事を貼り付けていることを、**こっそりと見ていたのだと思います。**だから私に聞いてきたのでしょう。


さて、そんな鈴木は**総務会長**を三度にわたって務めました。古くは中曽根康弘、近年なら細田博之（ほそだひろゆき）と二度務めた人物はほかにもいるものの、**三度となると鈴木だけです。**ちなみに現在は、子息の鈴木俊一（すずきしゅんいち）が務めています。

総務会長が率いる総務会は、25名の議員によって構成され、党内の常設機関では**最高の意思決定機関**です。そのため政策決定に対して大きな権限があり、政調会がまとめた政策案を総務会が了承して、初めて党議決定となります。

そのほかには党の運営や国会活動に関する重要事項を審議、決定するのも大きな役割です。要は党として、**来たる国会で何を目標にして、どんな政策を実現させるのか、**それを具体的に決めていくのです。

そんな党の決定機関である総務会を率いる総務会長には、安定性が求められます。週末になると選挙区に帰るような選挙に弱い政治家では話にならないし、スキャンダルを起こす危険性がある政治家など論外です。

だからこそ選挙にすこぶる強く、常に永田町で党の情勢に目を向けることができた鈴木は、総務会長に三度も任命されたのだと思います。

ちなみにこの総務会長に、先述した幹事長と政調会長の三つのポストを**「党三役（とうさんやく）」**と呼びます。最近では、選挙対策本部の選挙対策委員長（現在は下村博文委員長）を加えて四役とも呼びます。この三役が、党内で非常に大きな存在であるというわけです。総務会長は幹事長や政調会長ほど目立ちません。ただ、党の方向性を決める極めて重要なポストであるため、大臣経験者であり、かつ**将来的に総裁選に出馬する可能性が高い人物が務めてきました**。そんな事情がわかると、ニュースの見方が少し変わってきませんか？

自民党総裁と総理大臣と大統領

トップに昇りつめる必須能力とは何か

昭和の時代なら人望や運で出世する政治家もいました。しかし、現代は政策通でなければ永田町では通用しません。近年、大きな変化を感じるのは、政治家たちの語学力です。流暢な英語を話す福田康夫が議員外交の場で、英語を話せない人に気遣って、自らも日本語で話していたことはすでに述べましたが、現在なら、ひょっとしたら福田も気を遣う必要がなかったかもしれません。

政治家に必要なのは語学力だけではなく、歴史や法律から話術といったものまで、あらゆる分野の勉強をする必要があります。

勉強熱心な政治家といえば、私は大平正芳を思い出します。大平は一橋大学出身です。東大卒が多い永田町では、決して恵まれていたとはいえないのかもしれません。しかし、それでも大平は総理になりました。これは間違いなく、他の政治家よりも勉強をしたからです。

大平は大の読書家です。事務所には滅多に来ませんでしたが、**たまに来るといつも手に本を携えている大平を見て、読書がいかに重要なのかを学びました**。だからこそ私もいまに至るまで、とにかくたくさんの本を読んできたのです。

人と議論をする際、議論のテーマに沿った本を読んでいる人と、読んでいない人では、当然前者が勝ちます。言い換えるなら、勉強している人が勝つわけです。だから勉強しなければならない。技術革新が速い現代は尚更たくさんの本を読んで、**時代の移り変わりに適応しなければならないのです**。これができて初めて、自民党総裁選に出馬する可能性を得られる。いわば**適応力**は、総裁候補の最低条件といえましょう。

さて、ここで**自民党総裁**についても解説しておきます。総裁は党の代表です。総裁と呼ぶのは自民党だけで、連立を組む公明党のほか、野党の立憲民主党や国民民主党、そして日本維新の会などの政党では、代表と呼んでいます。また、日本共産党は委員長という呼称を採用しています。

議院内閣制を採用している日本では、大統領制のアメリカなどとは違い、与党のトップが総理を務めることになります。自民党総裁は**3年ごとに開催される総裁選で、「有権者の現職議員や党員の投票」によって決まります。**

自民党は1955年に結党して以降、野党に転落した一時期を除いて与党を担ってきました。そのため歴代総裁の大半は、そのまま内閣のトップである**総理大臣**になり、国政に当たりました。歴代総裁で総理に就任できなかったのは、自民党が初めて下野した1993年に総裁になった**河野洋平**（こうのようへい）と、二度目に下野した2009年に総裁になった**谷垣禎一**（たにがきさだかず）の2名だけです。

野党のときは総裁として党の職務に当たります。ただ先述したとおり、与党になると総理としての役割があり、党内の職務にまで手が回りません。だから党のことは幹事長を中心とする党三役に委ねることになります。

余談になりますが、総理と大統領の違いを聞かれることがしばしばあります。国によって選出方法や任期、そして役割や権限に違いはあるものの、一つ大きな違いを挙げると、**大統領は国家元首である**ということ。しかし、イギリスやオランダなどでは国王が国家元首です。だから大統領制は、基本的には**王族のない共和国で採用されて**

います。

日本もまた皇室というご存在があり、明治時代にイギリスを参考にして**議員内閣制**を採用しました。だから日本でも大統領ではなく、行政府の長として総理がいます。国家元首ではなくあくまでも行政府、つまり政治を行う機関のリーダーに過ぎない、それが総理大臣なのです。

また、総理は大統領制のような国民による投票ではなく、国会で行われる内閣総理大臣指名選挙で、衆参両議員の投票によって決まります。議員はよほどの事情があって造反でもしない限り、自分の政党の代表、あるいは無所属の議員なら思想信条が近い政党の代表に投票することになります。非自民・非共産連立の八党派が手を結び、細川護熙を首班指名した1993年のようなことが起きたら話は別ですが、基本的には与党の代表が総理に選出されることになるのです。

国会対策委員長

永田町で一番の駆け引き上手は誰だ!?

党の職員というのは特殊な仕事です。だからこそ党内の業務、あるいは選挙などを通じて学べたことがたくさんあります。

特に、党の外部に向けて重要な役割を担っている**「国会対策委員長」**からは、さまざまなことを学べました。ニュースでは**「国対（こくたい）」**とか**「国対委員長（こくたい）」**などと省略されて報じられるため、〝スポーツの国体〟のようなイベントごとを連想する人も多いようですが、残念ながらそんなに爽やかな話ではありません。

自民党執行部というと、幹事長、政調会長、総務会長の党三役に注目が集まります。当然、この三役は党にとって大切な役割を担っているのはいうまでもありませんが、同様に大切なのが国対です。

国会では各党間で相互に連携を取りながら、本会議や各委員会の日程を決めるのが主な役割です。まずは各党の国対が集まって相談します。そしてある程度の日程を決めたら、次に各党の幹事長が集まって承認する。そうして国会の日程は確定するのです。

意外と知られていませんが、国会の細かな日程は早く決まることもあれば、ギリギリ直前まで決まらないこともあります。国会の状況は時々刻々と変わるため、与野党の国対で合意がないと決まらないのです。

他党と議論する大事な会合は、幹事長と国対の二人が参加することもあります。現与党内で国会運営について行う重要な会議を**「二幹二国（にかんにこく）」**といいます。これは自民党と公明党の「幹事長」と「国対委員長」のことを表しています。

党三役の主な役割が「党の内部に関わること」であるのに対して、国対は**「党の外部である国会」**に関する重要な取り決めを担う。だからこそ、重要なポストなのです。

ちなみに細川護熙内閣のときに、古い因習だからとの理由から、国対を廃止したことがあります。しかし、**すぐに国会が回らなくなって、結局は元のかたちに戻りました**。

自民党の国対の場合は野党の議員と接触して、協力を要請しなければなりません。時には嫌な顔をされたり、場合によっては批判を受けたりすることもある。例えば自民党が国会閉会中に党内で議論して、ある法案の成立を目指すと決めたとします。しかし、野党が猛反発すると、本会議も各委員会も開けなくなる。そんなときに国対の力量が問われます。

国対が先頭に立って野党と交渉するのです。諦めずにコミュニケーションをとることによって、相手も応じてくれるようになる。要は政策などではなく人付き合いをする役割で、すべて自分のコミュニケーション能力にかかっているのです。

国対の役割はまさに**「人は変えられないが、自分は変えられる」**です。これは政治家に限らず、人生にとってものすごく大切なこと。ちなみに国対を務めて成長した議員はたくさんいます。

また、**国対にとって重要なスキルは駆け引きです**。マスコミ対策もその一つでしょう。野党の国対は「与党がひどいことをやっているから、野党は対抗しているのだ」と訴える。一方の与党は「野党がサボタージュしていてとんでもない」と反論する。マスコミを使って、世間にどう見せるかがポイントです。これは政策ではなく、人と人との人間ドラマといえるかもしれません。ビジネスの世界でも、ここぞというときには駆け引きが必要ではないでしょうか。勝負のときは自分のこと、あるいは自社のことをアピールしなければなりません。その方法を、ぜひニュースで見る国対委員長の言動から学んでもらいたいと思います。

本書を執筆している現時点では、自民党の国対委員長は衆議院議員の**森山裕**が務めています。森山は衆参合わせて当選7回のベテラン議員ですが、過去には**安倍晋太郎**、**中川秀直**、**二階俊博**、**岸田文雄**らが、大臣のような要職に就く前に国対委員長を務めました。

他党に目を向けると、自民党・社会党・新党さきがけの三党連立政権下で首相を務めた**村山富市**も、以前は日本社会党で国対委員長を務めていました。村山はまさに気くばりの人でした。自民党の議員からの人望も厚かったです。

国対委員長は野党にとっても重要なポストなのです。立憲民主党では、2019年9月まで**辻元清美**が務めていました。辻元は長年、マスコミを使って政権批判を繰り返してきました。討論番組や、報道・情報番組にも多く出演しており、抜群の知名度を誇っています。政界でも特に目立っているといえましょう。そう、国対委員長は辻元のように目立つことも大切です。辻元の後を継いで国対委員長を務める安住淳（あずみじゅん）も、パフォーマンスに精を出している印象です。法案は与党が作るため、野党の国対は政策を議論することはなく、与党の国対から頼まれるだけです。それを快諾するわけではなく、野党は駆け引きをする。目立つように批判を繰り返すことで、世の中が自分のほうに味方するような世論やムードをつくる。時には議論をして、野党の要望を飲ませることもある。それが野党の国対の大事な役割なのです。

辻元らのこうした姿は、営業マンなどは参考にすべき点があるかもしれません。もちろん、批判するという意味ではなく、自分の存在をアピールしている点です。一度見たら忘れない存在感。そして彼女の話は耳に残ります。やはり人に印象を与える、そんな存在でなければ、ライバルたちには勝てないのです。もちろん、私は自民党に仕える職員でした。思想信条は辻元とは相容（あいい）れません。しかし、自社さ政権で一緒に仕事をしたこともあり、彼女のアピール力、話術などには一目置いています。

選挙区制と派閥

システムの変革時はリーダーにとって最大の危機である

1994年、細川政権下で政治改革四法が成立すると、1996年の衆院選から「**小選挙区比例代表並立制**」が導入されることになりました。現在まで続く選挙の形は、このときから始まったのです。

さて、ここでは**小選挙区**と**中選挙区**について説明しましょう。

小選挙区は各都道府県を人口に応じて選挙区に分け（最多が東京の25区で、最少が鳥取や島根などの2区）、各選挙区で候補者から「**一人ずつ選出する**」制度です。

一方の中選挙区制は、小選挙区制よりも大きく選挙区を分け（最多が東京の11区で、最少が鳥取や島根の1区）、各選挙区で候補者のなかから「**複数人選出する**」制度です。つまり同じ選挙区から自民党の候補者が複数人選ばれることもあるわけです。

小選挙区制と中選挙区制には、それぞれデメリットがあります。前者は大きな政党に有利、有権者の選択肢が限られてしまいがちになる。逆に後者は、同じ政党同士の候補者が、票を奪い合うことになるわけです。つまり自民党を支持する有権者の票が割れてしまい、ともすれば両者ともに落選することもあり得るわけです。

ちなみに、**比例代表制**は各政党が獲得した投票数に比例して、候補者に議席を配分する制度。候補者は小選挙区と比例代表の両方、またどちらか一つのみで出馬することが可能です。

小選挙区制が導入されると同時に影響力を失ったのが、党内の**「派閥」**です。中選挙区制の時代、派閥は非常に大きな影響力を持っていました。そのため総理・総裁を目指す人は必ず派閥の領袖（りょうしゅう）になっていたものです。

中選挙区制では、同じ選挙区で自民党議員同士が争っていました。旧岡山二区では清和政策研究会の加藤六月（かとうむつき）と田中派の橋本龍太郎が票を争っており、メディアなどでは「六龍戦争」と呼ばれていました。同じ党に属しながら、激しく対立していたのです。もっと直接的な言い方をすれば、保守票を食い合っていたわけです。

加藤と橋本に限らず、当時は**同じ党の議員であっても、派閥が違うと非常に仲が悪かった**。実際に私も、政調会長時代の橋本に仕えましたが、橋本が加藤と話している場面は、一度も見たことがありません。実力者になればなるほど、バチバチとやり合っていたのです。換言するなら派閥同士で争っていたといえるでしょう。とにかく現在よりも、派閥の存在感が色濃く出ていたわけです。

そんな派閥の領袖は、資金面のほか、選挙で所属議員の面倒を見られる人が務めていました。また各議員は、自分が所属する派閥の領袖が入閣したり、党三役に就任したりすると、手を叩いて喜んでいたものです。親分の出世は自分の出世につながるからです。

さらに中選挙区制のメリットを挙げるならば、**専門性の高い国会議員がゴロゴロいたこと**でしょう。たとえ選挙区で一番になれなくても「景気対策では誰にも負けない」「農業は熟知している」といったスペシャリスト達も当選することができたのです。ですから当時は、政策通の族議員として官僚や党職員よりも政策に詳しい政治家がたくさんいて、各省庁の官僚たちも必死で彼らに食らいついていくという好循環が生まれていたのです。

ところが現在は、派閥のかたちが変わりました。そのきっかけは先述したとおり、小選挙区制の導入ですが、領袖が力を失った理由はもう一つあります。

ずばり**リクルート事件**です。

1988年6月、朝日新聞のスクープによって明らかになったこの贈収賄事件によって、当時の首相の竹下登はもとより、清和会の領袖だった安倍晋太郎、あるいは総理・総裁候補と目されていた渡辺美智雄ら、有能な議員の芽が摘まれました。

そうして直後に誕生したのが宇野宗佑（うのそうすけ）内閣と海部俊樹（かいふとしき）内閣です。両氏とも派閥のボスでなかったために、両内閣が短命に終わったのも当然でしょう。

そしてその後、政界は混迷すると同時に自民党は求心力を失い、1993年の野党転落につながったことはいうまでもありません。また、両氏が総理になってしまったことで、派閥のトップでなくても総裁選に出馬できる時代になったのです。

すると派閥の領袖ばかりが閣僚入りした場合、「なんで領袖ばかり優遇されるのだ」と、党内に不満の声が挙がるようになりました。かつてのような、自分の派閥の領袖の出世を喜ぶ時代ではなくなったのです。
それもそのはず、以前ほど派閥の存在感がなくなると同時に、派閥の領袖が所属議員の面倒を見なくなったのです。志帥会を率いる二階俊博の面倒見の良さは第2章で述べましたが、昭和の領袖像を受け継いでいるのは、ひょっとしたら二階だけなのかもしれません。誤解を恐れずにいえば、昔のように派閥に入るメリットはなく、またそう考える議員も増えました。その証拠に、**現在の無派閥議員は60名を超える大きな勢力となっています。**

小選挙区にはメリットもあるし、無派閥でも良い仕事をしている議員はたくさんいます。しかし、先輩が後輩の面倒を見る、これは日本の文化です。例えば江戸時代の学校。武士は藩校、商人は寺子屋に通っていました。藩校と寺子屋の共通点は、**生徒を年齢で区切らなかったことです。**これは**「縦教育」**と呼ばれるもので、共に教育を受け、共に時間を過ごすことで、年長者は年少者の面倒を見るようになる。逆に年少者は年長者を尊敬するようになる。つまり良い人間関係、あるいは上下関係を築いていたのです。

ある人が「新型コロナウイルスの影響で学校が休みのときに、公園で上級生と下級生が一緒になって遊んでいる姿がほほえましかった」と言っていました。こうした文化は日本の会社にも根付いていたはずです。日本の会社は欧米のようにドライではなく、まるで家族のようなものでした。

しかし、近年は欧米化が進み、こうした日本独自の文化も廃（すた）れつつあるようです。そしてそれは自民党も同様なのかもしれません。

かつてのように派閥の議員を従え、議員の面倒を見る。そして議員に何かあったときは、自分が救いの手を差し伸べる……。そんな議員がいなくなったことは、非常に寂しく感じます。もしあなたが会社などで部下を従える立場にあったなら、いま一度、昔のリーダー像の良い部分だけでも思い出して、上司としてどうあるのが理想的なのか、考えてみてください。

第4章 永田町で培った「気くばり」実践編

本章では、私自身が実際に行ってきた気くばりや、その延長で経験したことを紹介していきます。ビジネスの世界に限らず、一般社会のあらゆる場面で活かすことができる内容もあるので、ひとつでも、明日から実践してみてほしいと思います。

ロジ その①

小泉総理に初めて渡した秘密のアイテム

最近、ビジネスの世界ではロジスティクスを略して「ロジ」という言葉が使われるようになりました。

ロジとはそもそもは物流を意味しますが、昨今は「仕事の効率を上げるための業務」といった趣旨で使われているようです。その際たる例が、会議のときの資料作りや席順決めなどです。端的にいえば段取りといったところでしょうか。官僚と話をするときに頻繁に使われますので、「ロジ」は霞が関用語のひとつでもあります。

私も自民党職員として、このロジをきちんと務めてきたつもりです。例えば2009年の衆院選で、元総理の小泉純一郎の遊説に随行したときのこと。それまで私は長きにわたって自民党で働いていたにもかかわらず、不思議なことに小泉と深く関わったことはありませんでした。そのため、小泉に詳しい職員の話を聞き、小泉は何をすれば喜ぶのか、またその他の注意点を事前に教えてもらったのです。

そして二つ必ず準備するようにいわれたのが、**朝は一般紙とスポーツ紙をすべて用意すること**、そして遊説を終えて帰るときは**日本酒のカップ酒を用意すること**でした。

小泉に随行することが決まった以上、小泉に尽くし、小泉を喜ばせるのも私の任務です。もちろん、ほとんど初対面のようなものだったのだから、これらを準備しなくても、小泉は怒らなかったはず。しかし準備する、ただそれだけで、相手は「私のことをわかっているではないか」と考え、高く評価してくれるわけです。これがロジの重要なポイントだと思います。


何事においても雰囲気の作り方やタイミングが重要です。例えば異性を食事に誘うとき。やはり駅のガード下の居酒屋に連れていっても喜びません。相手をどんな店に連れていき、どんな食事をごちそうすれば喜ぶのか……。それが分かるかどうかなのです。

それは仕事でも同様でしょう。例えば資料を作るときには、どう作れば皆が読みやすいと感じるか。あるいはプレゼンのとき、どういった流れで話せば皆が聞く耳を持ってくれるか。要は相手の立場で考えるのがロジです。ロジもまた、論語の**「恕」**の要素が入っているわけです。〝相手の気持ちになって考えて、行動をせよ〟ということです。

ロジをこなすには、経験と気くばりの心が必要になります。話を小泉のときのことに戻すと、私たちはまったく絡みがなく、私は小泉の趣味嗜好をまったく知らなかった。では、どうすれば良いか。小泉をよく知る人から話を聞く、つまり情報を集めるのです。ロシアの革命家、**ウラジーミル・レーニン**は、**「私はわずかしか知らないことを自覚したら、より多くのことを知るために努める」**と語っていたそうです。レーニンの人物像はさまざまに評価されていますが、旧ソ連・建国の父と呼ばれるレーニンの凄まじい能力に疑いようはありません。「まずは相手のことを知る」、これは古今東西すべての世界で通用することでしょう。かの有名な**「孫子の兵法」**と同じです。

もしあなたが会社の社長、あるいは幹部に随行することになったら、彼らの好みを知っておく。もしゴルフが趣味だったら、移動中にその話をするだけでも、相手のあなたに対する印象は良くなるはずです。

また、職種によっては海外からのクライアントを迎えることもあるでしょう。最近は菜食主義の人、あるいは宗教上の理由から食べられない物がある人もいます。だから食事に行くときには、必ず相手の好きな物、嫌いな物を調べておいてください。社内にそうした情報に明るい上司、同僚がいたら、その人に聞けば良いし、初めてやりとりするクライアントだったら、直接本人に聞いてしまえば良いでしょう。何も聞かずに店に招待して、嫌いな物を食べさせてしまうよりはマシです。

リサーチの有無で違います。調べておけば「俺のことを分かっている」「配慮してくれているな」と感じてもらえ、そうすると仕事がうまくいく可能性は一気にアップするのです。かくいう私も、小泉との随行で、一気に小泉と親しく話ができるようになりました。そして総理在任中の苦労話や郵政選挙の裏話など、それまで明らかにされなかった貴重な話を聞くことができたのです。

ロジ その②
一発勝負に欠かせないのは「想像力」

さて、政治の世界でロジが求められるものといえば、やはり外交ではないでしょうか。海外から国家元首や政治家などの要人が来日する際には、外務省が主導して、会議や会合、時には食事会の段取りを決めていくわけです。そうしたときに、相手が一人なら席順は困りません。しかし、複数人となると、誰をどこに座らせるか、相手の肩書きなどを考慮して、事前に決めておかなくてはなりません。

ちなみに党の会合でも、やはり席順で困ることがあります。各部会では部会長を中心に、あとは会議室に入ってきた順に適当に座っていくことになります。ただ、パーティーとなると違う。やはり閣僚や政務三役、あるいはベテラン議員に上座に座ってもらうことになります。

私はこの手の業務でミスを犯したことはありません。ただ、別の職員が段取りしたパーティーで、ある大物議員を末席に座らせてしまい、あとで怒られたことがあったといいます。準備が大切だということは先述しましたが、こうしたロジも欠かせない業務なのです。

仕事で会議やパーティーなどの準備を頼まれたときは、自社の社員の肩書きやキャリアはもちろんのこと、**もしお得意さんも来るようだったら、やはり相手側の肩書きやキャリアも調べておく必要があるでしょう。**

さて、こうした会議やパーティーなどをきちんと準備し、当日もトラブルなく終わらせるには、やはり工夫が必要だと思います。かくいう私は、この手の業務を得意としてきました。自民党の全国組織委員会に配属されていたときに、場数を踏んできたからです。ちなみに全国組織委員会は党員・党組織の指導のほか、各都道府県と連携して、研修会やレクリエーション、あるいはボランティア活動の準備、運営をしています。

同委員会の業務で最も大変だったのは、毎年一度、夏に全国から党員が箱根のホテルに集まり行う研修会です。参加者は1000人を超え、当時の総理・**中曽根康弘**も出席していました。

1000人ともなると、受付だけでも大変です。まあまあ大きな小学校の全校生徒くらいの人数ですから。また、最も苦労したのが総理および党役員との写真撮影です。撮影はホテルの駐車場で行うのですが、さすがに1000人同時に撮影するわけにはいかないので、県ごとにいくつかのグループに分けて撮影していました。その際、職員が拡声機を持って、「千葉県の方はこちらにお集まりください!」などと誘導していたのですが、それで円滑に誘導できるわけがなく、現場はいつも混乱していました。

そこで私は少し知恵を絞り、**プラカードを採用しました**。北は北海道から南は沖縄まで、写真におさまる人数ごとの県名を入れたプラカードを作り、そのプラカードの下に集まってもらうようにしたのです。するといくら口でいっても集まらなかった党員が、短い時間で集まるようになったのです。そのため、それまで20分近くかかっていた撮影が、たったの10分程度で終わるようになりました。当然、他のスタッフはもちろん、中曽根からも「今日は早く終わったね。プラカードのおかげだよ」と声をかけてもらうことができました。

重要なことは**様々なシチュエーションを想定し、どうすれば円滑に進むかを考えること**。事前にどれだけ現場を見て、当日をイメージできるかが、成否を分けます。これは会議やプレゼンでも同様です。ぜひ現状に甘んじるのではなく、より良くするためにどうするべきか、それを考えてもらいたい。そうするだけで周りからの評価は確実に上がるでしょう。

筋の通し方

新しいチャレンジの前に絶対しておくべきこと

私は現在までに50冊以上の本を出版しましたが、最初に本の制作に携わったのは、自分の本ではなく、先述した『魚を食べると頭が良くなる』でした。その次に関わったのが橋本龍太郎の著書『VISION OF JAPAN（ビジョン・オブ・ジャパン）わが胸中に政策ありて』（KKベストセラーズ）で、私は政調会長室長として編集を担いました。

私自身の最初の本は、政調室長時代に書いた『憲法と安全保障』（南窓社）です。これは橋本の同意を得たうえで出版しました。だから周りの人は「橋本龍太郎が認めたから本を出した」と捉えました。要は橋本のお墨付きをもらったわけです。

これでは私の存在を面白く思っていない党内の人間も、表立って批判できません。もっとも陰では「田村は仕事で仕入れた情報を本にして儲けているのではないか」と批判していた人がいたようですが。しかし、陰で文句はいえても、それを理由に私を攻撃することはできなかったのです。

自分の望みどおりに進めてしまうと、場合によっては周りから反発を受けることになります。だからまずは組織のなかで筋を通す。**「後ろ盾を得る」**といって良いかもしれません。

また、2019年に発行した著書『秘録・自民党政務調査会』（講談社）で、私は政治家の真の姿や、政権運営の舞台裏を包み隠さず書き記しました。そのため、自民党内から反発を受ける可能性もありました。

だから私は本が出来上がると、最初に元宿仁（もとじゅくひとし）事務総長、次に安倍総理、その次に二階幹事長へ届けたのです。本人たちのことに言及していたからです。しかし、本の中身はやましいものではない。だから**包み隠さず説明しました**。すると三氏とも興味を持ってくれました。その結果、党内でこの本に対する批判の声は一切挙がりませんでした。三氏が認めた本だと捉えた人が多かったのが、その理由だと思います。

SNS対策

イチャモンや中傷に対抗する唯一の道

政界に限らずどの業界でも、時にはイチャモンに近い批判を受けることがあるでしょう。そんなときはどうすれば良いかといえば、ずばり見ない、聞かないのが一番です。

そう私に教えてくれたのは、経済評論家の**三橋貴明**（みつはしたかあき）さんです。三橋さんは２０１０年の参院選に自民党公認で出馬、結果は残念ながら落選となりましたが、私も職員として選挙を手伝いました。

昨今、自民党に限らず多くの政治家は、新聞やテレビなどのオールドメディアだけでなく、インターネットを通じて情報を発信しています。メディアによるバイアスがかかることがなく、自分たちの考えを直接国民に伝えられるのが、ネットの大きなメリットです。こうしたネットの力を理解する議員は、この10年で一気に増加しました。

私がネットの力、あるいはその重要性について理解したのは、三橋さんの選挙を手伝ったときでした。２０１０年にはネット選挙が解禁になりそうだ、という話が永田町で広まっていました。そのため私も強い関心を持っており、当時すでに評論家としてネットで情報を発信していた三橋さんからも、ネットに関する話をたくさん聞きました。

ネットで一つ厄介なのは匿名ユーザーなどによる批判です。中傷といって良いかもしれません。政治家といえども人の子です。中傷されて良い気分がするはずがありません。ちなみに私もフェイスブックやツイッターなどを頻繁に利用しているのですが、たまにSNSで中傷されることがあります。やはりそんなコメントを見ると、その日は嫌な気分になるものです。ツイッターが炎上したこともありました。

こうした中傷にどう対処すべきか、三橋さんは「見なければ良い」と即答しました。確かにそのとおりですし、見なければ傷つくこともありません。当たり前すぎるのですが、それでも実行するのがなかなか難しいのもわかります。ただ、経験から言わせてもらえば、一度「コメントをまったく見ない期間」をつくると、最初はそれが1日だったのに、徐々に2日になり、3日になり……**気づいたら何週間も経っていたという感じで、慣れていくものです。**

これは社会でも同様です。もしあなたが良い仕事をしていたら、それに嫉妬し、あなたを中傷するような人は必ずいるものです。

しかし、そんな中傷を毎回気にしていたら、心は傷つくし、仕事に対するモチベーションも低下するだけ。ですから、他人から何かいわれたときに、それが良い意見であったら耳を傾け、その人との関係を大切にする。逆にそれが中傷であったら、その人とは距離を取り、近寄らないようにしましょう。そして仕事で結果を出すことで、その人に対抗できれば完璧です。

ちなみに党内にも心が狭い人はいます。私が政務調査会室長として橋本龍太郎に仕えていたときは、「二人は気性が激しいからうまくいかないだろう」と言われていました。ところが、橋本と私はぴったり息のあった仕事をしたのです。また、政治家でも大物であればあるほど、必ず中傷する政敵がいるものです。だからといって、そんな声を気にしていたら何もできません。だから当時の私も、あるいは大物政治家も、中傷への対応策は無視。これに尽きるのです。

上司との関係
イエスマンではなく、カメレオンになれ

組織のなかで良い仕事をするには、自分の役割をきちんと把握しなければなりません。私の場合、**自民党の職員という仕事はカメレオンだと考えてきました。**

例えば、全国組織委員会では**加藤六月**に仕え、小沢調査会の担当になれば**小沢一郎**に尽くしたし、沖縄問題に取り組むことになったときは小沢のライバルだった**野中広務**に尽くしました。そして政務調査会室長になったときは、**橋本龍太郎**に尽くしたわけです。もちろん、この四者は思想も考え方も違います。近くで見ていて、自分の考えとは違うと感じることもありました。しかし、組織のなかで働くなら、そこで反論ばかりしていては進歩がありません。彼らの思想が黒ならば黒、白ならば白。自分の色を持つべきタイミングではないのです。

そしてこれが最も大切なのですが、カメレオンといってもイエスマンになるわけではありません。私が重要視していたのは、**そのとき仕えているボス（政治家）にとってプラスになるように働くこと**。その時のボスが黒だと言っても、長期的にみてそれがボスの不利益になると思えば「白でいきましょう」と耳の痛いことを言っていました。

それに政治家は、ある役職についても、必ずしもその分野に精通しているわけではありません。例えば国防部会長に抜擢される議員のなかには、防衛・安全保障の知識があるという理由ではなく、経験を積ませることを目的とした人もいるというわけです。その場合、私のほうがこの分野の知識がある。だから積極的に意見するように心がけてきました。これもまた、政治家に尽くしているわけです。

学歴
大切にすべきは過去か、未来かを考えよ

長年、政界で仕事をしてきて感じたことの一つに、高学歴だからといって必ずしも優秀ではないということがあります。もちろん、すべての人がそうだというわけではありませんが、子供のころから親に大事に育てられ、中高一貫校に通い、一流大学を卒業してから社会に出る。要は勉強ばかりしていれば良い世界にいた。言い換えるなら、テストで良い点数が取れるよう、暗記さえしていれば良かったわけです。しかし、社会に出ると、それでは通用しません。

高学歴の人と接して感じるのは、多くの場合、**とにかく気くばりや根回しを面倒くさがって避けてしまうこと**。どうしたら自分が高く評価されるか、上司や同僚に喜んでもらえるか、そういった考えに及ばない人が少なくないのです。

逆に学生時代にあまり成績が良くなかった人や、聞かん坊やワルだった人のほうが、

実はこうしたことが得意だったりする場合が多いのです。なぜならそのような経歴の人は、子供のころに親や先生、あるいは先輩や同級生と衝突したり、時には喧嘩したりして、さまざまな経験を積んできている。だから相手の気持ちがよく分かるし、いざというときに頭が回り、対応できるのです。

また、高学歴の人は極めてプライドが高く、ともすると自分より学歴が低い人を、**無意識に馬鹿にする傾向があります**。

ただ、社会に出ると学歴など関係ありません。「哲人宰相」と呼ばれた大平正芳は、一橋大学を卒業しています。東大法学部卒が多くいる永田町においては、最高位の学歴というわけではないのかもしれません。しかし、大平はとにかく勉強をした。そして誰にも負けない知識を蓄え、総理にまで上り詰めたわけです。

あまり学歴に囚われすぎないでください。いま勉強すれば、それだけで社会で通用する立派な人間に成長できるのです。

それでも学歴コンプレックスから抜け出せないという人のために、元ラグビー日本代表監督の**平尾誠二**さんの言葉を贈ります。

「今の時間を大事にできない人は、未来の時間もきっと大事にはできない」

そう、過去なんて気にしなくても大丈夫。大事なのはいまなのです。

前例のない仕事　その①
100万人を満足させるには、どうする？

会社には様々な部署や役職があります。実は自民党にも衆議院議員総会と参議院議員総会のほか、組織本部や広報本部、青年局や女性局などがあります。

私の場合は自民党に入党して以来、全国組織委員会で党員の研修活動、支部組織の活性化などを担い、次に政務調査会に異動となり、農林水産や沖縄問題、そして安全保障政策、外交、憲法等を担当、そして橋本龍太郎政務調査会長の下で政調会長室長を務めました。

組織で異動はつきものです。そのときに必ずよく考えてもらいたいのが、与えられたポジションで何をすれば組織は良くなるか、会社が良くなるか、また自分の存在感を示せるかということです。

党員の研修活動を担当していたときのこと。当時、100万人以上の党員が新たに入党してきました。しかし、大半の党員は何をしたら良いか分からなかった。各県で研修会を開いても、参加するのはごく一部、そんな状況が続いていました。

党を盛り上げるには、党員の力が必要です。せっかく入党してくれたのだから、もっと積極的に関わってもらうべきではないかと考えました。そこで上司に相談して、「党員とは何か?」をテーマに、党員の役割を明記した冊子『自民党のすがた』を制作したのです。当時はインターネットのない時代です。冊子を党員に配布すると、大きな反響がありました。各県の研修会はもとより、その後行われた選挙などで、党員が必死になって活動してくれるようになったのです。

もし淡々と研修会を開催したり、ただ党員に参加を呼びかけたりしているだけでは、きっと何も変わらなかったことでしょう。より良くするためにはどうすべきか。それを考えて実行するのです。

また、実行に移す際には、『自民党のすがた』を制作したときのように、上司に相談することが必要です。勝手にやったら上司は臍(へそ)を曲げるだけ。**事前の根回しは「自分が気持ちよく仕事をするため」に必要なのです。**

私はどんな部署にいたときも、思い立ったら上司や議員など、自分より立場が上の人に相談するようにしていました。

加えて私が心掛けていたのは、その時代に沿った技術を導入すること。先述のように冊子の配布が強い影響力を持っていたときは、党員に向けて『スポーツのすすめ』や『ボランティアのすすめ』というパンフレットを作って配布しました。

また、当時は研修会の議事録も作っていました。研修会で話す内容は、政治に関心を持っている党員にとって、ためになる話ばかりです。とはいえ、議事録を淡々と文字に起こして配布したところで、それを読むのは物好きだけでしょう。そこで私は録音することを思い立った。そして**カセットテープにダビングして党員に販売したのです**。すると党員は移動中の車のなかや、部屋でくつろぎながら音声を聴くことができます。これもまた、大きな反響を呼びました。

もし私がいま全国組織委員会にいたら、真っ先に、間違いなくＹｏｕＴｕｂｅなどの動画サイトの生配信などを活用していたことでしょう。

前例のない仕事　その②

指示に従うのではなく知恵を絞る

上司から指示を受けて、それをきちんとこなすだけでも、一定の評価を得られるかもしれません。しかし、より高い評価を受けるには、知恵を絞り、上司の期待を上回る仕事をするのが一番ではないでしょうか。

研修局にいたころ、のちに総理となる**麻生太郎**の全国遊説に随行したことがあります。当時の麻生の党内での役職は、自民党青年局長でした。

あるとき、麻生が私に「『文化活動のすすめ』という冊子を作れないか」と聞いてきました。私がこれまで作ってきた冊子を把握してくれていたのでしょう。そのうえで指示を出してきたのです。

私は文化活動をテーマに、『文化活動のすすめ』も工夫して作りました。気になったのが、**遊説で全国を回ったときに見かけた高齢者たちです**。各県で高齢者が公園や広場に集まり、ゲートボールをしている光景をよく目にしたのです。そしてゲートボールで何かできないかと考え、帰京してから麻生にゲートボール大会を開催するのはどうかと提案しました。それは、高齢者のために若者が協力するというゲートボール大会です。高齢者、若者、子供の「三世代交流」ゲートボール大会というアイデアでした。

当然、麻生も興味を持ってくれました。

ただ、麻生は例のダミ声で「自民党青年局の主催ではダメだな」という。それでは盛り上がらないと考えたのでしょう。そこで逆に「JC（日本青年会議所）に主催させよう」と提案してくれたのです。

そうと決まればあとはこの案を具体化させるだけ。ゲートボール大会を盛り上げるのに、高齢者だけを集めても仕方ないでしょう。そこで「三世代交流」と謳い、大人や子供たちにも参加してもらったのです。

また、**当時の総理・中曽根康弘に優勝カップを出してもらうことにしました。**

中曽根弘文・総理秘書官（当時）は、当初、スポーツ大会にトロフィーを出すのはどうなのだろうかと難色を示しました。しかし、中曽根総理の施政方針にある「たくましい文化と福祉の国づくり」の政策と合致することだと説明し、納得してもらいました。

以上のような経緯で開催されたゲートボール大会が、市レベルでは市長杯、県レベルでは県知事杯、そして最後は総理大臣杯となり、大盛況だったことはいうまでもありません。

大事なのは上司からいわれたことに従うだけではなく、**より良くするために知恵を絞ること**。私にはエリートのような学歴や学力はありません。しかし、企画力や応用力は負けない自信があります。自分の強みを活かしてより良い仕事をする。それを心掛ければ必ず良い仕事ができることでしょう。

話術

話ベタの太った男子が、なぜ弁論の達人になれたか

いまはテレビやネットなど映像の時代です。そのため国会や各委員会、そして記者会見の模様を世界で見ることができます。そんなときに野党議員や記者の質問に対して、しどろもどろになっていては、たとえ実務をきちんとこなしている政治家であっ

たとしても、やはり有権者から悪い評価を受けることになります。

自分の意見をきちんと話し、質問にきちんと答える能力は、政治家に限らず、どの業界に身を置く人にも必要なスキルなのではないでしょうか。たとえ自分の意見に自信がなくても、堂々と話せば、それだけで説得力は増すものです。そう、時にはハッタリも必要なのです。

イギリスのロックバンド、**ザ・ビートルズ**を世界的スターに育て上げたマネージャーの**ブライアン・エプスタイン**は、非常に有能な人物でした。マネージャーになる以前は、地元のイギリス・リバプールで、父親が経営する家具屋を手伝っていたといいます。そして得意の話術でお客さんに商品を勧め、どんどん売り上げを伸ばしたのだそうです。

また、あるときは**手鏡を買いにきたお客さんに食卓を買わせた**こともあるというから驚きです。もっとも、これは極端な例ですが、やはり**話術とハッタリ**があったからこそ、お客さんを納得させることができたわけですし、ザ・ビートルズをテレビやラジオに上手に売り込むことができたのでしょう。

私もいまでは講演会で人前で話す機会が多くありますが、実は学生時代に話術で苦労した経験があります。高校に進学した私は、二年生のときにクラスの代表として意見発表会（弁論大会）で演説をしました。初めて人前で話すということで極度の緊張状態となり、思うように話すことができませんでした。当時私は太っていたこともあり、聴衆から「へたくそ！」「デブ！」といった野次が飛んできました。しかし、私はへこたれませんでした。こう考えたのです。

「いま俺は壇上で恥をかいている。ほかの生徒たちはただ批判し、俺を馬鹿にしている。しかし、**壇上で演説を行った俺は絶対に得をしているはずだ**。なぜなら社会に出たら、必ず人前で話さなくてはならない機会があるはずだ。いま俺はそのときのための練習をしているのだ」

ただ、この経験は翌年、すぐに役立つことになりました。私は生徒会長選挙に出馬すると、全校生徒の前で行った対立候補との討論会で、非常に堂々と話をすることができたのです。

さて、私は学生時代から弁論、すなわち人前で話すスキルが大事だと考えていました。また、私自身も元来、人前に立つことが好きだったのでしょう。いまではお客さんを集めて歌を披露しているくらいですから。

大学に進学した私は、学内で年に数回開催される弁論大会に必ず参加するようになりました。

大学一年で最初に出場したときは、思うようにはスピーチできませんでした。しかし、二度目の出場では一気に二位になり、三度目の出場で優勝。その後も二年生、三年生のときに優勝し続けました。しまいには大会を主催する雄弁会の人から「あんたが出ると必ず優勝してしまうから、他の人が出なくなる。もう出ないでくれ」とまでいわれました。このときは自分の話術を認められた気がして、非常に嬉しかったことを覚えています。

そもそも弁論が下手だった私が、なぜたった数年で上達したのでしょうか。やはり練習したからです。弁論の練習はシンプルなもので、**まずはスピーチ原稿を作り、その後は声に出して何度も練習するだけ**。ただ、私が心がけたのは、弁論大会のたびに勉強量とスピーチの練習量を増やすことです。一度目のときより二度目、二度目のときより三度目のときのほうが、長い時間をかけて練習しました。毎日原稿を読みながら、ブツブツと練習したため、同級生から「うるさい！」と怒られたこともありました。

それから私の弁論を一気に高めたのは、和敬塾の影響もありました。大学時代、私は拓殖大学の寮（恒心寮）に住んでおり、三年になると大学の近くにあった学生寮・和敬塾に入寮しました。和敬塾は作家の村上春樹も住んでいたことで有名です。

そして和敬塾では、著名な識者の話を聴きながら勉強することができました。私はいつも最前列に陣取り、識者たちの話に聞き入りました。そうすることで政治や経済に関する知識を蓄えていっただけでなく、人前でスピーチするときのコツを学びました。

いまではＹｏｕＴｕｂｅで様々なジャンルの講演会の動画を見ることができます。人前で話をするのが苦手だという人は、ぜひ上手な講師を参考にして、自宅で練習し、コツを掴んでいってもらいたい。商談や営業をするとき、プレゼンをするとき、あるいは社内で上司に報告したり、部下を教育したりするときには、必ず話術が役に立ちます。

ディベート

文句ばかりの人間は二流、対案を示してこそ一流

会社や友人・知人のなかに、何かというと文句ばかりいっている人がいるのではないでしょうか。もちろん、政治家にも多くいます。例えば野党議員。予算委員会などで対案を示すことなく、政府に文句ばかりいっているでしょう。

また、残念なことに与党議員のなかにも、部会などで文句ばかりいって、進行の妨げになるような議員がいます。もっともそんな議員は出世することなどありません。そう、文句ばかりいっている人は、得てして自分は何もやらないもの。そのため周りから評価を受けることもないのです。

1993年に下野した自民党は、細川護熙政権の稚拙な政権運営を痛烈に批判しました。**ただ、当時の自民党議員は批判に留まらなかった。必ず対案を示したのです。**

当時私は政務調査会長室長として、政調会長の**橋本龍太郎**に仕えていました。当時

の橋本は、政策提言を持って総理官邸を訪れていました。要するに文句をいうだけでなく、ずっと与党にいた政治家として、アドバイスを送りにいっていたわけです。

例えば細川内閣で副総理と外務大臣を務めていた**羽田孜**の話。羽田は外務大臣として外遊をまったくしませんでした。外務省が面倒臭がり、外遊は控えてもらって大丈夫といっていたようです。要は素人同然の外務大臣に同席されるくらいなら、官僚たちだけで仕事をしたほうがやりやすいと考えていたのでしょう。

しかし、当時の日本は自由貿易の拡大をめぐって、アメリカなどと激しい交渉を続けていました。こうした交渉の席には、当然、外務大臣も着くべきです。そこで橋本は、当時官房長官だった**武村正義**（たけむらまさよし）を呼び出し、国会内の応接室で面会、私も同席しました。

そして橋本は「外務大臣は外交交渉が仕事です。しかし、羽田さんは国際会議に出席していない」といい、その理由を武村に聞きました。しかし、武村ははぐらかすような回答しかしなかった。**すると橋本は拳を握ってテーブルをドンと叩き、「外務大臣を海外に出せよ！」と怒鳴りつけたのです**。下野している自民党の政治家が怒鳴ったのです。すると驚いた武村の態度が変わり、これを機に羽田は海外に出かけるようになったのです。

また、橋本と武村は強く連携するようになりました。これこそ理想の与野党の関係です。

これは文句ではありません。日本を良くしたい、その思いからとった行動です。橋本は細川総理に政策提言をする際にも、政策を丁寧に説明したのち、**「著作料は請求しませんから、良いと思った政策はどんどん採用してください」**と冗談めかしていっていました。要は「手柄はあなたに差し上げます」と言っていたわけです。そうして実際に採用された政策もあります。

文句ではなく対案を示す、そして現状を改善させる努力をする。これは業種を問わずに通用する考えだと思います。もし社内の状況や、上司の仕事のやり方に不満があるのなら、文句をいうのではなく、ぜひ対案を示してください。また、その際は多くの人が集まる会議の場ではなく、橋本が細川や武村に助言を送ったときのように、**少数で行うのが良いでしょう**。大人数の前で対案を示すのは相手に恥をかかせることにもなりかねず、ともすると相手が臍（へそ）を曲げる可能性があるからです。

人相

生き方によって顔は良くも悪くも変わる

さて、本章の最後は**人相**について語りたいと思います。

人はその生き様が顔に出る、私はそう考えています。そのきっかけは元総理の大平正芳との出会いでした。

学生時代にアルバイトとして宏池会の事務局員になった私は、ときどき片手をポケットに突っ込んで、不機嫌そうな顔でやってくる大平を見て、強い風圧を感じたものです。昭和の大物政治家特有のオーラがあったのです。

太平は決して端正な顔立ちではありません。事実、私も初めて見たときは「怖そうな人だ」と感じたほど。しかし、その後も自民党の職員として総理になった大平を見て、あることに気がつきました。**どんどん格好良くなっていったのです**。もちろん、それはハンサムになったという意味ではありません。大平は総理在任中も、誰よりも本を読み、誰よりも勉強していました。大平のデスクはいつも本や資料が山積みでした。そして**こうした努力が大平の顔に表れていったのだと思います**。知識が顔に滲み出ていたのです。それは男として惚れ惚れする思いでした。

私は、将来私もこうなりたいと強く決意しました。それ以前から私は読書家で、アルバイト時代にも食費を惜しんで本を買っていたほどでした。しかし、大平と出会ってからより拍車がかかり、家中本だらけになったほどです。

一方、歳をとり人相が悪くなった政治家もいます。元総理の**菅直人**です。

私が初めて菅と出会ったのは、自社さ政権のとき。すでに述べたとおり、自社さ連立政権の発足に当たり、三党は念入りに打ち合わせを行ったのです。その際、自民党は政調会長の加藤紘一、社会党は政策審議会長の関山信之、新党さきがけは政策調査会長の菅直人の三人が調整役を務めました。そして私も自民党職員として、三人の会合に出席していたのです。

自民党と社会党はご存知のとおり、思想信条が正反対です。そのため、会合ではよく菅が間に入り、話を調整してくれました。自民党の意見を聞きつつも、社会党の意見も受け入れる。そうして意見のまとめ役を担ってくれたのです。**そんな菅の姿を見**

て、なんと優秀な人物なのだろうと思いました。そして当時の菅は、非常に端正な顔立ちをしていたように思います。

しかし時は流れ、菅は民主党に籍を移し、野党議員として自民党に文句ばかりいうようになりました。すると人相がどんどん変わっていったのです。総理になったときの冴えない顔を覚えている人も多いのではないでしょうか。結局総理になってもなお、自民党の対案には目を向けることなく、東日本大震災の対応も遅れました。そうして国民に引導を渡される形で総理の職を辞したのです。

自分の行動は必ず顔に表れます。あまり他人の悪口や批判ばかりしない。他人の成功をほめる。そのように仕事や仲間に真摯に向き合い、精進してもらいたい。そうすればあなたの評価は格段に上がり、同時に人相も良くなる。きっと誰からも人気を得られるはずです。

第5章
特別対談
小泉進次郎議員
「自分で決めれば誰かのせいにしなくなる」

普段、プライベートな顔をめったにメディアに見せることがない小泉進次郎議員。本章では、「気くばりとはなにか」というテーマで行った小泉氏との対談をとおして、人間関係における彼の考え方、心の奥底を紹介する。なぜ彼の言葉は私たちの心に響くのか。その答えが垣間見えるはずだ。

気くばりとは「想像力」である

田村重信　私は40年以上にわたって政治の仕事に携わってきました。その間、数百人の政治家とやりとりしてきました。そのため、「この政治家のこの部分を学ぶべきだ」ということがたくさんあります。だから本書では、「気くばりが9割」をテーマに、政治家から学んでほしいことを綴っています。

政治に気くばりは欠かせないものです。大物であればあるほど、有権者や地元の応援者、マスコミ、他の議員や官僚、そして私のような職員にも気をくばってくれるもの。そしていま、気くばりができる現職の議員といえば誰かと考えたときに、真っ先に進次郎さんを思い描きました。

小泉進次郎　それは恐縮です。単純に、お世話になった人に対して、何ができるのか。それだけです。でも、この対談を受けるべきではなかったのかもしれませんね。田村さん以外の人への気くばりを考えたら(※編集部注:当時から現在まで、小泉氏は「単独取材」を行っていない)。

田村 ありがとうございます。それがある意味、進次郎さんならではの気くばりと感じます。そういった義理人情も大切ですね。

小泉 そう、義理人情と浪花節。これは政治の世界では特に必要です。理屈ばかりにこだわってもダメですね。

田村 進次郎さんが人間関係で「最も大切にしていること」は何ですか?

小泉 **ひと言でいえば想像力。**

私の両親は、私が一歳のときに離婚しています。だからそのことを理解してからは、5月の「母の日」に同級生が「お母さんに手紙を書いた」などと言っていると、なんとなく肩身が狭くなったものです。

田村 近年は一人親の家庭も増えています。

小泉 昨今、家族のあり方は多様化しています。だからこそ、一人親の家庭が少なくないことを忘れてはならないと思います。私には軽々しく相手の家族のことを聞かないという癖がついています。**どんな話が心の傷をえぐるようなことになるか分からな**

いからです。私自身、子供のころから心ない言葉に傷ついてきましたから……。

田村 確かにずけずけとプライベートのことなどを聞いてくるような人が多い。

小泉 よくそんな心の傷をえぐってしまう可能性がある質問をできるな……と感じてしまうこともあります。できるだけ顔に出さないようにしているけど、デリカシーのない人だなと考えてしまいます。

「政治家の息子だから」と近寄ってくる相手は友達なのか

田村 嫌なことを聞かれても、その場では笑顔で対応できる。それが進次郎さんの人気の理由の一つなのかもしれませんね。

小泉 中学校のときのことで、いまだに忘れられないことがあります。私は小学校から大学まで関東学院に通っていました。そのため小学校から中学校に進学しても、基本的に友達は変わりませんが、外から新しい同級生が入ってきます。そんな新しい同級生の一人に、以下のようにいわれたのです。
「ねえねえ、小泉くんだよね？　お母さんが『小泉くんのお父さんは政治家だから仲良くしておきなさい』というから友達になろうよ」

田村　あまりにも露骨な言い方ですね。

小泉　だから怒りを通り越して、この同級生から何か大切なことを教わった気がしました。世の中は私をそう見ているのかと……。

その後、私が大学生になると、父・純一郎が総理大臣になった。すると「小泉進次郎」ではなく、「小泉総理の息子」と見られました。

さらに兄・孝太郎（こうたろう）が芸能界に入りました。そうすると「小泉総理の息子であり、孝太郎の弟」と見られるようになり、**私のことを「小泉進次郎」と見てくれる人は誰なんだろうかと思った。**小学校からの友達は、私を「小泉進次郎」と見てくれて、それ以前と変わりなく付き合ってくれました。だから私はいまも彼らのことを大切にしています。

田村　人と付き合ううえで、それは大事なことですよ。

小泉　いま私は様々な分野の有名人と会う機会がたくさんあります。有名人特有の苦労は想像がつくし、きっと似たような経験をした人も多いと思う。

田村　確かに有名人特有の苦労はありますね。私が政務調査会室長として、政調会長の橋本龍太郎氏に仕えていたとき、毎日多くの人が面会に訪れるものだからビックリしました。次期総理と見られていたのだから当然なのかもしれませんが。

小泉　政治家には支援してくれる人が大勢います。ただ、支援者の中には講演会などのときにも、私のそばには来ないし、話しかけてもこないのに、人一倍熱く応援してくれる人がいる。幼馴染も同様です。言い換えると、人前で仲が良い姿を見せないのです。なぜかというと、自分が近くに行って話しかけてしまうと、他の人が声をかけにくくなってしまうから。

田村　「他の人はいまこの瞬間しか会えないけど、私はいつでも会える。だからいま話しかける必要はない」と考えるわけですね。

小泉　そのとおりです。人から気くばりを学びますね。よく知らない人に限って「小泉は私の友達だ」というような人もいます。一度しか行ったことがない店を常連というようなものですね（笑）。

田村　見栄を張るわけですね。そういえば一度写真を撮っただけで、「この政治家とは顔見知り」という人もいます。

小泉 たくさんいますね。政界に限らず有名になると、親戚や友達が増えるというのは本当です。よく知らない人が私の友人を名乗っていることもあります。だからこそ、私は**「本当の意味での友達」**を大切にしようと心掛けています。

友達は100人もいらない。最後まで支えてくれるのはひと握り

田村 進次郎さんはインタビューで、友達100人できるは嘘だ、100人ときちんとした付き合いができるわけがないといっています。

小泉 はい、昔から私はそういっています。童謡「一年生になったら」は「ともだちひゃくにんできるかな」という歌詞です。しかし、友達は100人もいりませんから。もちろん、友達には様々な定義があると思います。しかし、**濃い付き合いとなると、絶対に100人も付き合えない。**

田村　本当に大切にできる友達という意味では、１００人は無理ですね。

小泉　そうなのです。だから小学校で子供たちがあの歌を歌うときは、友達とは何かを考えるきっかけにしてほしい。

田村　きちんとした付き合いとは、具体的にどんな付き合いですか？

小泉　説明するのは難しいですね。この世界にいると敵も少なくありません。ただ、**真の友は、仮に周りが全員敵でも、最後まで私を支えてくれると思える友達です。**

田村　それから人付き合いは距離感も重要です。あまり親密になりすぎて、しょっちゅう一緒にいると仲が悪くなることもあります。私が仕えていたころの橋本龍太郎氏は、頭の後ろで手を組んで、宙を見つめていることがありました。おそらく人と会って疲れていたのだろうし、何か考え事をしていたのかもしれません。**そんなときは何か用事があっても、なるべく話しかけないようにしました。**これは私なりの気くばりでした。

昨今、ＳＮＳでつながることがステータスになってきていますが、その点についてはどう考えていますか？

小泉　もちろん、ＳＮＳでつながっているだけで友達だというのはあり得ないでしょ

第5章
小泉進次郎議員 特別対談「自分で決めれば誰かのせいにしなくなる」

う。

田村　そう思います。でも、SNSで少しやりとりをしただけで、「田村さんは私の友達だ」というような人がときどきいますね。

小泉　SNSでつながって、ネットワークを広げるのは素晴らしいことだと思います。私自身も、SNSのおかげで新しい情報を得られたり、学んだりすることができます。

とはいっても、やはりSNS上の知り合いは友達とは別です。

ただ、**社会に出てからでも、友達といえる人との出会いはありますね**。

ひょっとしたら学生時代に友達に恵まれなかった人もいるかもしれません。だからといって、この先友達を作る機会がないかというと、それは違う。人間関係の面白いところです。**まずは人と向き合うこと**。それが最高の友達を作る第一歩です。

人生の「主導権」を自分で握れば、つらい瞬間も耐えられる

田村 ここからは「生き方」という観点でもお話を聞かせてください。進次郎さんは「自分で決めることが大切だ」といわれています。

誰にいわれるわけでもなく、自分で自分の仕事を探していたそうですね。お父さん（小泉純一郎元総理）の選挙を手伝っていたころは、事務所にきたお客さんの車を磨いていたこともあったとか。聞いたところによると、誰が指図したわけでもないのに、そのように行動していたとか。

小泉 そんなこともあったかもしれませんね。結局、自分で決めてやるしかないのです。私は政治家になることも自分で決めました。だから逃げられない。もし父から「俺の仕事を継げ」といわれていたら、私も精神的に参っていたかもしれません。

実際に政治家になって、いかにこの仕事が大変か分かりました。また、マスコミ関係者には申し訳ないですが、嘘を書かれることもあります。しかし、そういった状況

のなか、時には聞こえないフリをすることも大切です。なぜ政界で強い気持ちを維持できるかといえば、どれだけ犠牲があっても、**この世界で生きることを選んだのは自分なのだと思えば耐えられます**。だからこそ、自分で決めるのが大切なのです。

田村　私が見てきた大物政治家たちも、たしかにそうでした。みんな信念がある。なぜ信念があるかといえば、自分の道は自分で決めているからです。

小泉　私が自分のことは自分で決めると考えたのはいつからなのかと振り返ってみると、中学生のころでした。当時、学校の校則が面倒臭いと感じていました。制服や髪型に細かい決まりがあるからです。好きなようにすれば良いのではないかと感じて、家でも校則はおかしいのではないかといっていたのです。すると私の話を聞いていた叔父が以下のようにいいました。

「お前が希望してその学校に入ったのだろう。**どうしても嫌なら辞めればいい。辞めたくないなら、お前が校則を変えろよ**」

こういわれて腑に落ちたのです。そのとおりだと。先述のとおり、小学校から関東学院に通っていたから、自分の意思というよりは、親が決めたのだとは思います。しかし、中学校、高校と進学したのは、間違いなく私の意思です。嫌なら高校に進学しないという選択もできたわけですから。だから高校に通うのも辞めるのも自分次第。でも私は退学するつもりはなかった。だったら自分で校則を変えるしかないと、そう気がついたのです。このときの経験は、いまも強烈に心のなかに残っています。

すべての原点は「学校で牛乳を飲めた」体験に

田村 私にもそれと似た経験があります。高校三年生のときに、私は生徒会長になり、自分のアイデアを実現させることができました。

小泉 例えばどんなことをしたのですか？

田村 大それた考えがあったわけではありません。それでも学校生活が良くなるように、いろいろと実現させました。例えば靴に関する校則の改定です。当時、登下校時に指定の革靴を履くことが義務付けられていました。しかし、高校は新潟県栃尾市（現・長岡市）という豪雪地帯にありました。そのため私は運動靴で登下校したいと考え、生徒会で提案しました。当然、他の生徒たちから賛同を得られ、学校側と交渉して、校則の改定を実現させたのです。

小泉 生徒がみんな喜んだのではないですか？

田村 はい、おおむね好評でした。それから校内には飲料水の自動販売機がなく、昼休みに弁当を食べるときも、生徒たちは水道水を飲んでいました。そこで私は、ジュースは無理でも、せめて牛乳の販売機を設置しても良いのではないかと提案。やはり他の生徒も賛同してくれ、翌月には校内に販売機が設置されました。

毎日、運動靴で登下校する生徒や、昼休みに牛乳を飲んでいる生徒を見るたびに、政治の面白さを実感することになりました。生徒会長になって感じたのは、**ルールや物事を決められる地位に就いて行動を起こせば、実現できるということです**。逆に願望だけ持っていても何も実現できない。政治とはそういうものだと、生徒会長の経験から学びました。

小泉 それは素晴らしい経験ですね。

田村 その経験は、45年の永田町生活の原点となっています。

誰かに相談することは、最大のデメリットも生む

小泉　わたしは以前、ある学生から進路について相談をされました。学生の両親も同席していました。話によれば、大手企業二社から内定をもらったといいます。そのうち一社はグローバルに展開している会社で、業務内容も幅広い。もう一社はローカルに根付いた業務を行っている会社でした。

その学生は後者の会社に興味があるようでした。しかし、両親は将来のことも考えると、グローバルな企業のほうが良いのではないかと考えていた。そこで私はどう思うかと相談してきたわけです。

私の答えは簡単です。「あなたが自分で決めることだよ」と。両親の前でこんなことをいうのは申し訳なかったですが、「親のいうことを聞くのではなく、自分で決めなさい」といいました。確かに両親の考えも理解できます。業務が幅広ければ、もしその会社を辞めても潰しが効くことでしょう。それも大切なことだと思います。

入社後、良い環境で仕事ができたら万々歳です。しかし、親のいうとおりにグローバル企業に入社して、もし上司や同僚とうまくいかなかったらどうなるか。きっと親のせいにするでしょう。「俺はこんな会社に入りたくなかったのだ」と。ところが、もし自分で決めていたら、**たとえうまくいかなくても、自分で選んだ道なら誰かのせいにしない**。

田村　最近は、子供だけでなく、親たちも、何かを決めることを放棄していることがあります。だから自分のことは自分で決めたほうがいい。

小泉　そうかもしれません。自分で決めれば、納得できる。いまでもこの思いは強く持っています。何かに悩んで決断を下すときは、必ず自分で決める。**時には相談しないほうが良いこともあると感じています**。

田村　確かに政治家は、最後は自分で決めなくてはなりません。私は橋本氏の他、野中広務氏や小沢一郎氏ら多くの政治家に仕えてきました。また、自社さ連立政権のときには、社会党の村山富市総理のサポートもしました。多くの議員から、主に政策や法案の件で相談を受けました。いま振り返ってみると、**大物であればあるほど、最後は自分で決めていた**ように思います。

進次郎さんが最後は自分で決めるというのは、約三年間にわたってアメリカで生活した影響もあるのでしょうか？　そういえば、純一郎氏は進次郎さんに「孤独を大切にしろ」といわれていたのですよね？

小泉　私にとって初めての一人暮らしがアメリカでの生活でした。周りには家族もいない、友人もいない、親戚もいない。おまけに言葉も通じない。だから最初は大変でしたよ。料理や洗濯も自分でしなくてはならないし、日本だったら当たり前にできることも、言葉の壁があってなかなかできない。ただ、そういった環境の下で生活することで、成長したのは間違いないですね。

田村　その経験があるから、自分のことを自分で決められるのですね。

なぜスターバックスのマグカップでコーヒーを飲むのか

田村　そのほかに、普段の生活で大切にしていることはありますか？

小泉　自分と向き合うこと。自分と向き合わなければ、毎日が無思考のまま過ぎ去ってしまいます。だから毎日、いかにして自分の時間を作るかを大切にしています。特に政治家になってから、放っておくとどんどん予定が埋まっていきます。すると、予定をこなすだけの毎日になってしまう。だから**「予定を入れない」「人と会わないことも大切な仕事なのです。**

田村　橋本氏とお父さん（小泉純一郎氏）は、夜の会合は一日一件しか行かないことで有名でした。自分の時間を確保するためです。これによって「あいつは付き合いが悪い」と陰口を叩く人もいます。確かに政治家には付き合いも必要です。しかし、付き合いを重視して身体を壊してしまうのでは本末転倒です。橋本氏はどんなに忙しい時期でも、大好きな推理小説を読む時間を取っていました。

小泉　一人ひとりに個性があります。だから他人がどんな生き方をしていても、それに対してとやかくいうつもりはありません。ただ、予定が埋まっていたり、誰かと会っていたりしないと不安になるという人は、政治家には向かないと思います。

田村　なるほど。リーダーとなる人は、孤独のなかでどう決断するか。それが非常に大事ですね。若い読者が憧れの進次郎さんになるには、まずは自分と向き合うことから始める。

小泉 自分と向き合う、自分を知るということは難しいですけどね。ひとつ言えるのは、自分が有名になるのではなく、有名人を見る側のほうが良いですよ。これは間違いない。

田村 プライバシーがないからですか？ そういえば安倍晋三総理の父である安倍晋太郎さんやお父さんの純一郎さんら、有名な政治家の遊説に随行すると、どこに行っても人が寄ってきて大変でした。一度、乗っていた選挙カーが取り囲まれたこともあります。駅でも新幹線の車中でも街中でも、とにかく人が寄ってきて声をかけてくる。しかし、邪険に扱うわけにもいかないので、いつも笑顔で返していて、本当にすごいなと思いましたよ。

小泉 若い人に将来の夢を聞くと、「有名になりたい」と答える人もいるでしょう。しかし、有名になることが目的だったら、もし有名になれたとしても身も心ももたないと思う。重要なのは何をやりたいかです。そのやりたいことを実現させて、**結果として有名になったというなら耐えられます。**

田村 有名になりたいという浅はかな考えでは、有名になったあとに必ず問題を起こします。やはり政治家になる人間は、この国をどうしたいのか、明確な考えがなければなりません。しかし、最近はそんな政治家が減っているように感じます。政治家が職業になってしまっている……。

小泉 最近、よく頭に思い浮かべるのは「人生トントン」という言葉。まさにそのとおりだと思います。例えば政治家をやっていると、大半の人が会えない人物に会えたり、行けない所に行けたり、あるいは見られないものを見られたりします。しかしその一方で、大半の人が当たり前にできることができないのです。

田村 自由がなくなりますからね。

小泉 なぜ、私がスターバックスのマグカップでコーヒーを飲んでいるのか。それは、もう自由に一人でスタバに行けないからです。政治家になる前の私は、カフェのオープンテラスでコーヒーを飲みながら読書するのが大好きでした。しかし今は、難しい。**春の暖かい日に、オープンテラスで桜を見ながらコーヒーを飲んだりできたら、どれほど幸せだろうか**と、そう考えるときもあります。

田村 だけど自分で政治家になると決めたのだから、誰のせいにすることもなく、仕事を全うできるのですね。

小泉　まさにそのとおりです。もし親や他人に決められていたら、とても続けられませんよ。

私は政治の可能性を信じています。政治家にしかできないことがたくさんある。それを感じる瞬間は、ものすごく少ないですよ。正直、嫌なことのほうが多い世界です。本書のタイトルは『気配りが9割』ですが、政治の世界は「嫌なことが9割」かもしれない（笑）。だけど、「このために我慢してやってきて良かった」と思う瞬間があります。その瞬間は、何ものにも代えがたい。

どうやって怒る先輩の心を掴んだのか

田村　2015年に進次郎さんは農政改革に取り組みました。このとき菅義偉内閣官房長官は、「苦労してこい」というかたちで進次郎さんを農林部会に送り出したそうですね。そして部会で意見をまとめるまでに、江藤拓（えとうたく）氏や西川公也（にしかわこうや）氏ら農林のエキスパートとやりとりしたと思います。大変な仕事だったのではないでしょうか？

小泉　確かに大変でした。しかし面白かった。江藤さんには面と向かって「お前のことなんか大嫌いだ」と言われましたが、最終的には大きな支えになってくれました。政界に限らず会社でもプライベートでも、面と向かって「大嫌い」といってくれる人なんて、なかなかいないのではないですか？

田村　いませんね。

小泉　**実は「大嫌い」といわれて嬉しかったのですよ**。なぜならほかの人は陰口を叩いている。「進次郎ふざけるな」って。また、腹のなかでそう考えている人もいます。しかし、江藤さんは直接私にいってくれました。**この人は嘘をつかない、信用できる人だと直感した**。だから嬉しかった。

田村　それは重要なことです。上司が若い部下に注意するでしょう。すると反発するだけの部下もいます。進次郎さんのように上司の苦言をどう受け止めるか、それが重要です。偉くなればなるほど、周りには調子の良いことをいう人しか集まってこなくなります。どんなに偉くなっても、必要なときに意見、反論してくれる人を周りに置くべきです。

小泉　そう感じています。

田村 「大嫌いだ」といってきた江藤さんとは、長い時間一緒にいることで、徐々に意思が通じるようになったのですか？

小泉 長い時間いたというのではなく……部会で席が隣だったんですよ。

田村 それは嫌でも話すことになる（笑）。

小泉 そうなのです。「大嫌いだ」といわれて何日か経って会ったときに、私はこう話しました。

「先日、先生から大嫌いといわれて、私は嬉しかったですよ。面と向かっていってくれたので」

するとと江藤さんは「お前は気持ち悪い奴だな。大嫌いといわれて喜んでいるのか？」と。確かに「大嫌いだ」といわれて喜ぶ人はいない。でも、面と向かって批判してくれる人はいません。だから非常に有り難かったと説明したのです。そして**「今度、飯（めし）に連れていってください」**と頼んだのです。すると先生は呆（あき）れながらも承諾してくれました。

田村 二人で食事したのですか？

小泉 そうです。江藤さんから「お前はほかに誰か連れてくる？」と聞かれたので、私は「先生はどなたかお連れになりますか？」と聞き返しました。すると江藤さんは「いや、そういうわけではないけど、お前も俺と二人では間がもたないだろう？」という。私としては二人でじっくり話をしたかったから「せっかくですから二人でお願いします」といい、当日は焼肉屋に連れて行ってもらいました。

田村 焼肉は焼いているときに話をしなくていいから、間がもちます。

小泉 そうか。だから江藤さんは焼肉屋を選んだのか（笑）。

人生に欠かせないのは「恕」と「出会い」

田村 進次郎さんが政治家になって、将来、リーダーになってもらうためにも、論語を勉強してもらったほうが良いだろうと考えました。そこで以前、私が主宰して毎月開催されている「日本論語研究会」に来てもらいましたね。

小泉 はい、スピーチをさせていただきました。

田村 孔子は弟子から人生で何をやったら良いかということを聞かれたときに、「恕」と答えました。恕とは「相手が嫌だと思うことはしない、それを心掛けて生きれば、必ず良い人生が送れるし、それが人生の目標にもなる」ということです。

昔から中国では、論語がわかれば国を治めることができるという言い伝えがあります。だからぜひ進次郎さんにも論語に接してもらいたいと考え、論語を勧めました。

小泉 論語はとても勉強になります。そして最近は、政治に身を置くことが最大の人生勉強だと感じることがあります。驚くほど嫌な人がいますから（笑）。こんなことをするのか……という人もいますね。

例えば最初の選挙のときに名刺を配っていたら、**受け取った名刺を目の前で破る人**もいました。また、街中で演説をしていたら、肩を小突いてきたり、足を踏んできたりする人もいた。「世襲反対！」と叫びながら**ペットボトルを投げてきた人**もいるし、近づいてきたから握手を求めに来てくれたのかなと思ったら、**唾を吐いてきた**。人に対してよくそんなことができるなと思いました。

田村 それはひどすぎる……

小泉 自分だったら、腹のなかで「あの人は嫌だな」と思っていても、さすがにこんなことはできません。江藤さんが「大嫌いだ」といってきたのとは違い、明らかに私を攻撃しているわけでしょう。しかし、残念ながらこういったことをされるのも政治の世界なのです。

田村 よく耐えられましたね。

小泉 やはり、自分で決めた道だから、でしょうね。

私は、こういう人もいるのだなと学び、自分は絶対に同じことはしないと心に誓う。ただ一方で、素晴らしい人との出会いもあるのが政治の世界です。政治家は多忙で、人と最も会う仕事の一つといって良いのではないでしょうか。だから正直言って、人疲れすることもあります。しかし面白いのは、**人疲れを癒してくれる人**もいるということ。今日は誰にも会いたくないと思っていても、仕事だから会食が入っていることもある。だけど実際に会食に行くと、明日からまた頑張ろうと元気をくれる人と出会うこともある。**結局、人との出会いが大切なのだと、それを学ぶのが政治の世界ですよ。**

田村 そして良い人間関係を築くのは「気くばり」です。

小泉 そのとおりですね。

第5章

小泉進次郎議員 特別対談「自分で決めれば誰かのせいにしなくなる」

対談時の小泉議員と筆者。2018年2月。

おわりに

約20年前、日本でも著名なアメリカの未来学者、ジョン・ネズビッツが唱えたフレーズが、注目を集めました。

〝ハイテック　ハイタッチ〟

簡単に言うと、テクノロジーが進めば進むほど（＝ハイテック）、私たちは人間的に感じるものごと（＝ハイタッチ）を求めるようになる、という意味です。当時は、先進国でインターネットが普及し始めたばかりの時期でしたが、今考えても、未来をピタリと予見した言葉だと感じます。

新型コロナウイルスの影響によって、世界中が一時的に分断されました。その間、オンライン授業やリモートワークといったテクノロジーの恩恵によって、私たちはなんとか日常を死守しています。

ですが、一人暮らしで何日間も喋っていなかったり、ずっと家で過ごす期間が続いたりすると、強烈にこう感じました。「人に会いたい」と。誰かに会いたいと願うことは、人間の本能なのだと気づいた瞬間でした。

私が45年をすごしてきた永田町は、人と人とのぶつかり合いの場所でした。政治家たちは文字通り、衣服が擦(こす)れ合うほどの近さで異なる意見を闘わせて、そこで初めて相互理解を深めてきました。面と向かって話をすることで、自分以外の人の考えを知る。そうして、「自分だけの世界」から脱皮する。そのようにして、他者への配慮ができる俯瞰的な視点をもった、日本のリーダーたちが育ってきたのです。

これからは当然リモートワークも必要です。

けれど、人に会うことは、それ以上に成長を促します。

本書内で小泉進次郎氏も語っていたように、人は人によって苦しみもするが、人によって癒され、成長することもできる。結局のところ、それがすべてでしょう。

そして、人との関係を築くカギこそが、「気くばり」です。

本書でお伝えしてきたエピソードが、もしひとつでも読者の皆さまの人生に役に立てば、著者として望外の喜びです。

田村重信

田村重信（たむらしげのぶ）

1953年新潟県生まれ。大平正芳事務所を経て、自由民主党職員に転身。政務調査会にて外交・国防・安全保障・憲法等の重要政策を担当。歴代16人の総理大臣に仕え、自民党の“番頭役”と呼ばれる。拓殖大学桂太郎塾名誉フェロー、日本論語研究会代表幹事、日本国際問題研究所客員研究員など幅広く活躍。

気配りが9割
永田町で45年みてきた「うまくいっている人の習慣」

2020年7月26日　第1刷発行

著　者　田村重信
発行者　大山邦興
発行所　株式会社　飛鳥新社
〒101-0003東京都千代田区一ツ橋2-4-3
光文恒産ビル
電話（営業）03-3263-7770（編集）03-3263-7773
http://www.asukashinsha.co.jp

編集協力　仙波晃
装　丁　杉山健太郎
撮　影　石井勝次
校　正　山口智之

印刷・製本　中央精版印刷株式会社

落丁・乱丁の場合は送料当方負担でお取り替えいたします。
小社営業部宛にお送りください。

ISBN978-4-86410-745-7

編集担当　三宅隆史